- 本书出版得到西藏民族大学经费支持

- 同时获得厦门大学对口支援西藏民族大学专著教材出版基金资助

基于游客感知的西藏旅游目的地品牌营销策略研究

陈 刚 ◎著

厦门大学出版社
国家一级出版社
全国百佳图书出版单位

图书在版编目（CIP）数据

基于游客感知的西藏旅游目的地品牌营销策略研究 / 陈刚著. -- 厦门：厦门大学出版社，2024.10
ISBN 978-7-5615-8533-7

Ⅰ. ①基… Ⅱ. ①陈… Ⅲ. ①旅游地-品牌营销-营销策略-研究-西藏 Ⅳ. ①F592.775

中国国家版本馆CIP数据核字(2023)第120564号

责任编辑　许红兵
美术编辑　蒋卓群
技术编辑　朱　楷

出版发行　厦门大学出版社
社　　址　厦门市软件园二期望海路39号
邮政编码　361008
总　　机　0592-2181111　0592-2181406(传真)
营销中心　0592-2184458　0592-2181365
网　　址　http://www.xmupress.com
邮　　箱　xmup@xmupress.com
印　　刷　广东虎彩云印刷有限公司

开本　720 mm×1 000 mm　1/16
印张　14
插页　2
字数　225千字
版次　2024年10月第1版
印次　2024年10月第1次印刷
定价　56.00元

本书如有印装质量问题请直接寄承印厂调换

厦门大学出版社
微信二维码

厦门大学出版社
微博二维码

前　言

为优化和扩大服务供给，释放服务消费潜力，更好满足人民群众个性化、多样化、品质化服务消费需求，2024年7月29日，国务院印发了《国务院关于促进服务消费高质量发展的意见》。意见以习近平新时代中国特色社会主义思想为指导，全面贯彻落实党的二十大和二十届二中、三中全会精神，完整、准确、全面贯彻新发展理念，加快构建新发展格局，统筹扩大内需和深化供给侧结构性改革，扩大服务业开放，着力提升服务品质、丰富消费场景、优化消费环境，以创新激发服务消费内生动能，培育服务消费新增长点，为经济高质量发展提供有力支撑。

旅游业是一种以服务为主，并涉及众多行业和企业的复合产业，在我国具有很大的发展潜力。当前，在国家宏观政策的指引下，旅游业已成为国家大力扶持的重要产业，是国民经济的支柱产业，是民生产业、幸福产业。全国各地都在争先恐后地挖掘自身的旅游资源，打造独具特色的旅游目的地。西藏自治区作为旅游胜地，其独特的旅游和文化资源吸引了众多的国内外游客。特别是2006年，青藏铁路开通，极大地方便了西藏与其他省（区、市）的交流，这也为西藏的旅游业插上了腾飞的翅膀。在2010年召开的第五次西藏工作座谈会上，中央提出"把西藏建设成为重要的世界旅游目的地"的发展战略。十多年来，在利好的宏观政策指引下，西藏地区的旅游业同其他兄弟省（区、市）的旅游业一道迅猛发展，取得了不俗的成绩。

放眼国内的旅游业市场，各个省（区、市）都把旅游作为本地区经济发展的重要抓手。但是，由于缺乏创新，除了占据独特资源的少数旅游景区外，很多旅游目的地之间的差异越来越小，旅游产品同质化现象愈演愈烈，极大地阻碍了旅游业的发展。随着旅游产业的竞争日益加剧，作为旅游产业链上的核心环节——旅游目的地之间的竞争也呈现出白热化的状态：首先是产品方面的竞争，依据各自的资源特色，运用现代科学技术，大力设计开发具有时代背景的新产品；其次是在服务、游客感知方面的竞争，从服务人员的素质、技能、态度着手，让游客感知到物超所值的全方位的服务；最重要的是在消费者认知领域也开启了激烈的竞争。品牌作为消费者对旅游目的地认知的标志性符号，被强有力地引进旅游目的地营销实践中。通过品牌营销，建立旅游目的地品牌知名度、美誉度，是提升旅游目的地影响力的重要途径。

本书在这样的背景下问世正逢其时，具有重要的现实意义。首先，本书从游客感知的视角，选择西藏自治区作为研究对象，在前人研究的基础上，基于游客感知构建西藏旅游目的地品牌评价指标体系，一方面为西藏旅游目的地品牌营销策略的制定提供科学依据，另一方面也为西藏自治区政府制定旅游长远规划、实现西藏旅游可持续发展奠定基础。其次，借助西藏旅游目的地品牌的打造，对拉动西藏经济增长、推动全区相关行业发展、维护国家稳定等都具有重要的现实意义。最后，本书对适合中国旅游目的地品牌营销的模式进行尝试研究，探索在国内现行旅游行政管理体制下建立适合中国景区打造世界旅游目的地品牌的营销范式，这将为包括西藏在内的相关旅游资源丰富的地区打造国际知名旅游目的地、开拓国际市场提供可能的借鉴。

本著作在完稿的过程中，得到了我的研究生谭爽涵、王若楠、耿佳琪、杨政霖、王笑雪、刘承森、康雨玉等的帮助，他们在资料收集、文献查阅、文字校对等方面做了大量的工作，在此向他们表示感谢！同时也感谢厦门大学出版社对本书出版的大力支持！

陈 刚

2024 年 8 月 8 日

目 录

第1章 旅游目的地品牌研究的背景和意义 / 001 /
  1.1 研究背景 / 001 /
  1.2 研究意义及价值 / 008 /
  1.3 研究思路、框架及方法 / 009 /
  1.4 本研究创新之处 / 011 /

第2章 旅游目的地品牌相关研究综述及理论基础 / 013 /
  2.1 营销相关理论研究 / 013 /
  2.2 游客感知相关理论研究 / 019 /
  2.3 满意度相关理论 / 028 /
  2.4 品牌相关理论研究 / 038 /
  2.5 旅游目的地品牌相关研究 / 053 /
  2.6 现有研究的不足 / 081 /

第3章 西藏旅游资源优势 / 083 /
  3.1 西藏概况 / 083 /
  3.2 独特的地理区位塑造西藏特色民族文化 / 084 /
  3.3 丰富的民族文化奠定西藏文旅产业融合发展基础 / 095 /
  3.4 完善的基础设施打通文旅融合"交通"壁垒 / 103 /
  3.5 以产业为导向推动西藏文旅双向融合 / 104 /

第4章 西藏旅游发展现状及存在的问题 / 105 /
  4.1 西藏旅游发展现状 / 105 /

  4.2 西藏"旅游＋"发展模式 / 106 /
  4.3 西藏旅游发展中存在的问题 / 110 /

第5章 基于游客感知构建西藏旅游目的地品牌评价指标体系 / 114 /

  5.1 西藏旅游目的地发展现状 / 114 /
  5.2 旅游目的地指标体系研究现状 / 116 /
  5.3 旅游目的地品牌指标体系构建的原则 / 117 /
  5.4 基于游客感知的西藏旅游目的地品牌评价指标体系的构建 / 119 /
  5.5 范畴提炼与模型构建 / 123 /

第6章 基于游客感知构建西藏旅游目的地品牌评价实证分析 / 141 /

  6.1 问卷设计与测试 / 141 /
  6.2 数据分析 / 145 /

第7章 基于游客感知的西藏旅游目的地品牌营销策略 / 159 /

  7.1 西藏建设旅游目的地的可行性分析 / 159 /
  7.2 西藏建设旅游目的地需要克服的障碍 / 161 /
  7.3 旅游目的地产品（资源）策略 / 162 /
  7.4 旅游目的地品牌形象策略 / 166 /
  7.5 西藏旅游目的地品牌传播策略 / 170 /
  7.6 "新基建"视域下西藏旅游目的地发展对策 / 183 /
  7.7 文旅融合背景下西藏旅游淡季应对策略 / 187 /

结 语 / 196 /

参考文献 / 197 /

第1章 旅游目的地品牌研究的背景和意义

1.1 研究背景

1.1.1 理论背景

当前,中国经济的发展已经进入非常关键的转型期。在这一时期,随着产业结构的调整,制造业的发展将会受到一定的影响,整个社会的经济增长速度也随之会放缓。在这种情况下,寻找新的经济增长点成为保持经济可持续发展非常迫切的任务。随着经济结构的转变,服务业将成为引领中国经济保持稳定增长的引擎。《中华人民共和国2023年国民经济和社会发展统计公报》显示,我国服务业占国内生产总值的比重在2015年为47%,2023年已达到54.6%,而美国2023年服务业占其国内生产总值的比重约为80%。相比之下,我国服务业占国内生产总值的比重偏小,服务业发展空间巨大。

随着市场竞争的加剧,对于服务业而言,作为市场主体的企业和消费者之间的博弈也愈演愈烈。一方面,企业生产的产品和提供的服务种类越来越多,但同时产品和服务的同质化现象越来越严重;另一方面,随着消费者的选择余地越来越大,企业要想赢得消费者忠诚、消费者满意,其成本也越来越高。许多公司开始认识到,与各种产品和服务密切联系的品牌成为影响企业间竞争和客户选择的重要因素。在快节奏的社会环境中，对于消费者而言，可选择产品和服务种类的增加与可利用来选择的时间的减少之间的矛盾日益突出。因此，优质品牌成为解决这一矛盾的不二选择。优质品牌可以简化顾客决策的过程，减少顾客选择的风险，影响消费者感知，提升顾客对产品或服务的忠诚度。所以，创建强势品牌，打造品牌核心竞争力，已成为学界和业界共同关注的焦点。

旅游业是一种以服务为主，并涉及众多行业和企业的复合产业。旅游业作为服务业的一种，在我国具有很大的发展潜力。当前，在国家宏观政策的指引下，旅游业已成为国家大力扶持的重要产业，各地都在争先恐后地挖掘自身的旅游资源，打造相应的旅游目的地。由于缺乏创新，除了占据独特资源的少数旅游景区外，很多旅游目的地之间的差异越来越小，旅游产品同质化现象愈演愈烈，极大地阻碍了旅游业的发展。

随着旅游产业的竞争日益加剧，作为旅游产业链上的核心环节——旅游目的地之间的竞争也呈现出白热化的状态。首先是在产品竞争方面，各地依据各自的资源特色运用现代科学技术，大力设计开发具有时代背景的新产品；其次是在服务、游客感知方面，从服务人员的素质、技能、态度着手，让游客感知到物超所值的全方位的服务；最重要的是在消费者认知领域也开启了激烈的竞争，品牌作为消费者对旅游目的地认知的标志性符号，被强有力地引进旅游目的地营销实践中。通过品牌营销，建立旅游目的地品牌知名度、美誉度，是提升品牌影响力的重要途径。旅游目的地作为一种特殊的消费品，和其他消费品一样，也必须利用品牌化来凸显自己的特征，向游客传达具有吸引力的信息。旅游业已进入品牌竞争时代，随着竞争的加剧，旅游目的地品牌俨然成为游客选择出行地的重要影响因素。

以往学者的研究发现，品牌形象是旅游目的地区别于竞争者并保持长期竞争优势的法宝(Kotler P,1997)，旅游目的地通过品牌打造实现可持续发展已得到业界的高度认同。旅游目的地通过萃取其最具特色的内容进行品牌定位是旅游目的地品牌营销的利器(傅云新,2005)。

准确的定位可以实现精准营销,迅速提升市场份额(Uysal et al.,2000)。因此,对旅游目的地进行品牌营销是非常必要的。

1.1.2 实践背景

(1)旅游业在国家经济发展中的作用

1995年,大力发展旅游业上升为国家战略,旅游业成为国民经济和社会发展的支柱性产业。随着世界经济环境的变化及我国战略发展的需求,国家开始实施经济结构转型,重新调整产业结构,第三产业成为整个国民经济发展的重要组成部分,第三产业中的旅游业作为整个行业中的领头羊被格外关注。由于旅游业的特殊性,该产业发展会带动相关服务业的发展,因此2009年国务院专门出台意见,除了确保把旅游业作为国民经济的战略支柱性产业外,还要使其发展成为能吸纳更多就业岗位的产业,即把旅游业发展成为现代服务业的标杆。

就产业角度而言,旅游业是集经济型产业、生态型产业、文化型产业等为一体的高度融合的产业。通过发展旅游业既可以扩大投资、刺激消费、带动就业、增加目的地居民收入,也可以改善生态环境、降低能源消耗,还能传承民族文化、保护民俗等。通过大力发展旅游业,可以提升旅游业在国民经济中的地位,完善旅游产业结构,健全旅游要素,使旅游业成为国家的战略性支柱产业,成为国民经济新的增长点。另外,在旅游目的地区域发展旅游业,通过对自然环境的保护和修复,形成人与自然的和谐共生,对于国家生态文明建设具有重要的意义。

(2)旅游对西藏经济社会发展的作用

在当今旅游业中,目的地品牌竞争已成为一种非常主流的竞争方式。随着旅游目的地竞争越来越激烈,品牌化已成为当代旅游目的地营销的利器。从国家到地方到各风景名胜区,品牌建设是旅游目的地管理的重要手段。在信息传播速度不断加快的今天,旅游目的地品牌传播的路径和策略已成为提升旅游目的地品牌竞争力的重要方式之一。旅游目的地品牌是目的地营销管理的重要对象。旅游目的地品牌化的主要目标之一就是通过一系列的营销活动来展现或强化旅游目的地的正面形象,提升旅游目的地的品牌竞争力。纵观当今国内旅游市场,旅游行业的分工越来越细化,旅游业作为西藏的支柱产业,也面临着越来越激烈的竞争。如何塑造出独具特色的旅游目的地品牌,如何运用各种传播营销手段提升旅游品牌的影响力和竞争力,以实现西藏旅游的可持续发展,是西藏旅游品牌建设面临的重要问题和严峻挑战。

西藏旅游资源的独特性不言而喻,但由于各方面的因素,西藏和平解放后的很多年对旅游资源的开发一直没有予以足够的重视。直到1979年12月,西藏旅行游览事业局挂牌成立,标志着西藏旅游业开始起步。从20世纪80年代开始,特别是随着基础设施的逐步完善,旅游业对于西藏经济的影响越来越大。进入20世纪90年代后,西藏自治区政府在制定跨世纪远景发展规划时已明确提出,要把旅游产业培育成自治区的战略性支柱产业和新的经济增长点。在政府的大力支持和引导下,旅游消费为西藏地区经济社会的发展带来了前所未有的良机。特别是2006年,青藏铁路开通,极大地方便了西藏与其他省(区、市)之间的交流,这也为西藏旅游业插上了腾飞的翅膀。2007年,自治区政府提出要将旅游业打造成西藏的主导产业,带动其他相关行业的发展。在2010年召开的第五次西藏工作座谈会上,中央提出"把西藏建设成为重要的世界旅游目的地"的发展战略。通过十多年的建设,西藏已基本建成了具有鲜明的特色、完善的交通体系与设备设施、标准化管理、与国际接轨的服务体系,成为国内外游客比较满意的世界旅游目的地。党的二十大以来,在以习近平同志为核心的党中央的坚强领导下,西藏各项事业不断取得新进步新成效。西藏旅游产业节节攀升,随着"冬游西藏""文创西藏"等品牌影响力的提升,旅游接待人次和旅游收入成倍增加。西藏自治区统计局数据显示:2023年西藏累计接待国内外游客

5516万人次,比上年增长83.73%,创历史新高;实现旅游总收入651.46亿元,同比增长60.04%。自2006年青藏铁路通车至2023年,这18年来,西藏旅游的接待人数和旅游收入稳步增长(见表1-1)。总体而言,旅游业对西藏政治、经济、文化等方面的发展起到了非常重要的作用。

表1-1 2006—2023年西藏旅游年接待游客人数及收入

年份	接待游客 数量/万人次	接待游客 同比增长/%	旅游收入 收入/亿元	旅游收入 同比增长/%
2006	251	0	27.71	0
2007	402	60.16	48.52	75.10
2008	224	−44.28	22.59	−53.44
2009	556	148.21	52.40	131.96
2010	685	23.20	71.44	36.34
2011	869	27.42	97.06	40.14
2012	1058	21.75	132.00	36.00
2013	1291	22.02	165.00	25.00
2014	1553	20.29	204.00	23.64
2015	2000	28.78	280.00	37.25
2016	2316	15.80	330.75	18.12
2017	2561	10.57	379.37	14.69
2018	3369	23.98	490.14	29.19
2019	4000	18.72	560.03	14.25
2020	3505	−12.6	366.42	−34.5
2021	4153	18.5	441.90	20.6
2022	3002	−27.7	407.70	−7.9
2023	5516	83.73	651.46	60.04

数据来源:西藏自治区统计局,经作者整理。

(3)文旅融合的意义

随着经济的发展、社会的进步,以及技术的创新和产业的更新,不同产业之间的边界逐渐变得模糊,产业间的壁垒逐渐被打破,甚至形成了"你中有我、我中有你"的融合态势。例如互联网产业和金融产业的融合、文化产业与旅游产业的融合等,特别是文化产业与旅游产业的成功融合,可以称为产业融合的典范。2021年12月国务院印发《"十四五"旅游业发展规划》,提出文化和旅游资源普查工程、国家文化公园建设、文化和旅游消费促进工程等十三个重点项目,从国家层面上表明了文旅融合的重要性,有利于我国文化的产业化进程和旅游业的快速、稳定发展。党的二十大报告提出,坚持以文塑旅、以旅彰文,推进文化和旅游深度融合发展,这为文旅融合发展指明了方向。利用旅游和文化相结合的方式,不仅可以推进文化的保护和延续,增强国家软实力和民族凝聚力,也可以为旅游产业的健康、可持续发展奠定基础,为文化产业与旅游产业的成功融合保驾护航。

文化是旅游的灵魂,它赋予旅游活动深厚的内涵和独特的魅力。没有文化的融入和支撑,旅游产业就如同无源之水、无本之木,难以具备长久的吸引力和竞争力。文化不仅可以提升旅游产业的品质,更可以丰富其内涵。西藏自治区相关部门把先进的文旅产业发展理念和西藏实际情况充分融合,把风光旅游和文化旅游有机结合起来,为消费市场不断提供高品质的旅游产品、旅游服务项目,努力建设世界旅游目的地;在不断提升服务水平的前提下,基于游客感知满足消费者个性化、多元化、高品质消费的需求。2023年2月文化和旅游部发布《关于推动非物质文化遗产与旅游深度融合发展的通知》,提出了旅游空间、旅游产品、体验基地、文化生态、特色线路等八项重点目标的提升计划,以促进文旅融合。近年来,国人的旅游展现出人文、自然相结合的态势,人们不再一味追求自然风光,而是更多地将重心转移到文化上来。例如在西藏,每年的佛博大会,在现场的更多是外地游客。因此利用文化的吸引作用,汲取灵感和素材,挖掘优秀的西藏文化遗产,将文化与旅游相结合,可以达到以文促旅、以旅带文的效果,不仅可以提高当地居民的收入,而且可以丰富游客的旅游体验。

旅游是文化的载体和传播途径,旅游也是实现文化产业化发展的重要平台和通道。2023年3月交通运输部办公厅、文化和旅游部办公厅联合发布《关于加快推进城乡道路客运与旅游融合发展有关工作的通知》，通过交通部门的支持，加强旅游公路的修建、增加旅游客车的班次，可以缓解西藏各旅游景区距离远、道路难、分布广、组合差的不利局面，使西藏地区原生态村落、历史文化遗产及地域特色文化得到深层次开发，促进西藏文化的产业化，有利于西藏自治区的全面发展，推动民族、乡村文化的振兴。

近年来，文化产业和旅游产业通过深度融合，不但形成了交叉产业，而且催生了新兴业态，各自的产业边界得到了充分的拓展，产业内容更加丰富多彩，产品线完美延伸，产品类别更加完善。文化产业与旅游产业的融合是当前大势所趋，也是国民经济调结构、转方式、产业升级的重要途径。2022年1月，西藏自治区人民政府办公厅印发《西藏自治区"十四五"时期旅游综合发展规划》（藏政办发〔2022〕1号），提出空间优化、创新驱动、精准发力、统筹发展、彰显品牌、开放合作、坚持保护等十三项目标，联合环保、交通、司法、教育等多部门，加强协作；2023年9月27日，西藏商务局、旅游发展厅联合出台《关于促进夜间经济和假日经济高质量发展的措施》，积极推动特色民族文化展示、展演、体验、鉴赏不断向夜间延伸，旅游业进一步提质扩容，旅游经济释放出强劲活力。促进文化和旅游产业的融合发展，一定程度上可以提高第三产业在西藏自治区经济中的比重，加速自治区产业转型，同时能够解放劳动力，将不同人群按照自身优势，分配到适合自己的岗位上，各尽其能、各得其所，有利于共同富裕目标的实现，对西藏自治区经济的发展具有重要意义。通过将特色文化渗透于各个民族、各具地域特征的旅游目的地，把不同文化背景、文化要素融合在旅游的场景、氛围里，能够最大程度地满足游客的体验，影响游客的感知，提升游客的满意度。

1.2 研究意义及价值

1.2.1 理论意义

本研究运用价值链理论对旅游产业价值链进行梳理，构建西藏旅游产业品牌价值链，为西藏旅游目的地品牌体系的建立提供新的理论参考，同时也丰富了游客感知、市场营销理论、品牌理论、价值链理论的体系，因而具有一定的理论意义。

1.2.2 学术价值

首先，本研究立足旅游目的地的特殊性研究其品牌营销。通过梳理发现，已有文献在研究旅游目的地营销时完全借鉴普通产品品牌营销的相关理论，并未反映旅游目的地品牌营销与普通产品品牌营销的不同之处。本研究将从宏观的角度出发，立足旅游目的地具有公共产品属性的特殊性，凸显旅游目的地与普通产品的差异，对旅游目的地品牌营销进行整体规划，因而具有一定的学术价值。

其次，本研究还将从游客感知的角度，对西藏旅游目的地品牌营销进行实证研究，探究游客感知对西藏作为世界旅游目的地，其品牌价值最大化的影响机理，为进一步制定西藏世界旅游目的地品牌营销战略奠定基础。

1.2.3 应用价值

首先，本研究以西藏自治区为研究对象，探讨该地区旅游目的地的品牌营销战略，旨在为政府更好地制定品牌政策，提升西藏地区旅游目的地品牌的知名度、美誉度、吸引力及影响力提供决策依据。

其次,本研究将对适合中国旅游目的地品牌营销的模式进行研究,探索在国内现行旅游行政管理体制下建立适合中国景区打造世界旅游目的地品牌的营销范式。这将为包括西藏在内的相关旅游资源打造国际知名品牌、开拓国际市场提供可能的借鉴。

最后,本研究将从全域旅游的视角出发,以增加西藏地区整体利益作为目标,研究制定西藏旅游目的地品牌营销策略,这将对拉动西藏经济增长、推动全区相关行业的发展、增加全区财政收入等具有重要的现实意义。

1.3 研究思路、框架及方法

1.3.1 研究思路

(1) 游客感知与旅游目的地品牌营销的理论基础

本研究通过查阅大量的相关文献,包括游客感知目的地研究的前沿理论以及旅游目的地品牌营销研究方面的文献,梳理营销理论、感知理论、品牌理论以及目的地理论之间的关系,搭建研究的理论基础。

(2) 旅游目的地品牌评价体系的构建

本研究通过深入了解前人对旅游目的地品牌的研究成果,确定旅游目的地品牌评价机制的原则。在此基础上,结合西藏旅游目的地的特点,运用相关理论构建西藏旅游目的地品牌评价体系。

(3) 旅游目的地品牌营销的实证分析

本研究在对西藏旅游资源、基础设施、配套服务等因素综合考虑的基础上,结合西藏旅游业的特点,运用西藏旅游目的地品牌评价体系生成相应的量表,制定相应的问卷。通过问卷收集数据,对数据进行科学分析,完成品牌营销的实证研究。

(4)西藏旅游目的地品牌营销策略制定

本研究依据实证研究的结果,科学合理地制定西藏旅游目的地品牌营销策略,主要从新产品开发、老产品优化组合、品牌形象设计、品牌推广及品牌拓展等方面制定相应的策略,为西藏旅游目的地品牌营销提供操作性强的实施方案。

1.3.2 研究框架

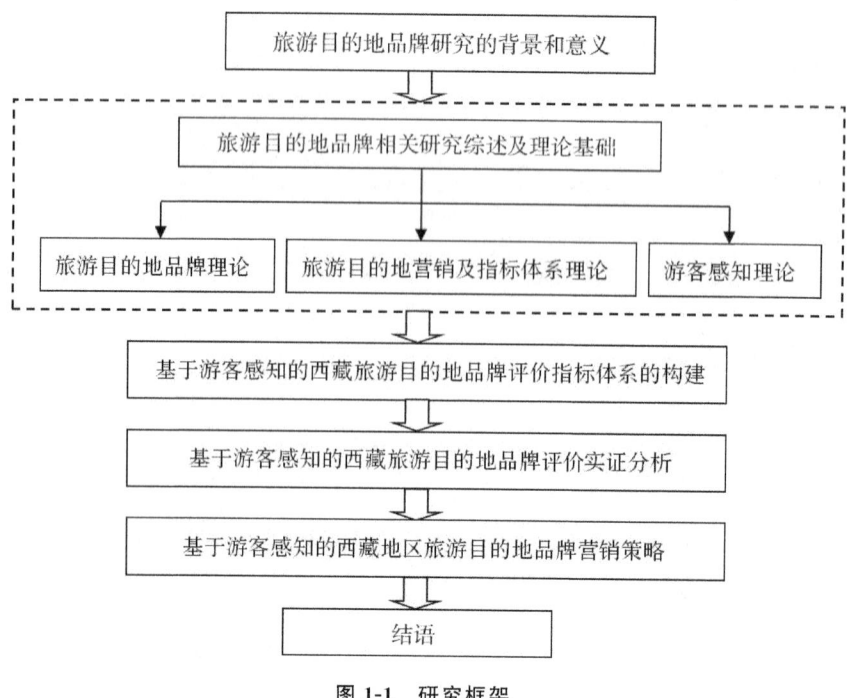

图 1-1　研究框架

1.3.3 研究方法

（1）文献研究法

本研究通过查阅国内外关于品牌营销的相关文献，借鉴相关理论观点，构建研究基础，发现研究局限，同时通过文献研究获得测量影响品牌营销的变量表。

（2）焦点小组和深度访谈法

本研究结合前人成果，采用焦点小组的方法，确定品牌营销的构成维度，通过对受访者的深度访谈来探求影响品牌营销的深层次因素，为后续实证研究奠定基础。

（3）实证研究法

本研究通过收集、分析和处理调查、访谈所得到的数据，验证研究模型并探讨营销策略。

1.4 本研究创新之处

1.4.1 研究内容的创新

本研究在传统营销理论的基础上，尝试借助价值链理论、游客感知理论探究旅游目的地品牌构成要素，构建西藏旅游目的地品牌评价体系，研究内容有所创新。

1.4.2 分析方法的创新

本研究突破以往以定性分析为主的局限,用定量方法实证分析品牌对于游客选择旅游目的地的影响,为西藏旅游目的地品牌建立提供科学依据。

1.4.3 研究视角的创新

本研究突破以往仅从服务质量、旅游动机等单一方面来解释旅游目的地游客忠诚度形成过程的做法,尝试从品牌的角度探讨游客与目的地之间的关系。

第 2 章 旅游目的地品牌相关研究综述及理论基础

2.1 营销相关理论研究

营销是一门实践性很强的学科,营销理论是在营销实践的基础上逐渐发展起来的。从最初的营销思想的诞生到现在,经过近百年的发展,营销理论已成为对大多数组织具有普遍指导意义的重要理论。特别是在市场经济环境下,营销已经深入人们生产、生活的各个方面,不管是企业、非营利组织、政府机构、事业单位,还是社会中的每个人,都被各种营销活动所影响,甚至主动参与到营销活动中去;对于营销的理解,也经历了从最初的模糊到现在的细化的转变;对于营销的研究,从开始的定性研究发展到现在的定量研究。营销理论已经发展到涉及心理学、行为学、哲学等在内的多个学科。本研究涉及的营销理论包括市场营销的内涵、品牌管理理论等等。

2.1.1 市场营销的内涵

营销的定义最早是美国市场营销协会(American Marketing Association,AMA)在 1935 年给出的,是指产品和服务从生产者传送至消费者的商业活动。Jerome McCarthy 于 1960 年给市场营销下定义,认为营销是企业经营活动的职责,它将产品及劳务从生产者直接引向消费者或使用者以便满足顾客需求以及实现公司利润(McCarthy,

1960)。营销大师 Philip Kotler 在 2003 年将市场营销定义为个人和集体伙同他人通过创造/提供/自由交换有价值的产品和服务的方式以获得自己所需或所求的行为（Kotler,2003）。美国市场营销协会在 2007 年重新诠释了市场营销的含义，认为市场营销是为客户、委托人、合作者和社会提供创造、沟通、传递和交换供给品（包括产品、服务、信息、观念、体验及其他）的系列活动、职能和过程的总和。从以上定义可以看出，随着社会和经济的发展，市场营销概念的内涵和外延在不断更新和完善，市场营销的理论体系也越来越丰富和科学。除了传统的 STP[①]战略、4P[②]策略，到后来的品牌战略、4C[③]策略、客户关系管理、服务营销等，在新媒体视阈下，网络营销、绿色营销、体验营销、口碑营销，以及微博营销、微信营销、节会营销等新理念应运而生。

2.1.2 品牌管理

（1）关于品牌

"品牌"（brand）这一称谓，最初来自古挪威语，翻译为中文是"烙印"的意思。brand 在《英汉大辞典》里，有两种译法：首先是作为名词，指的是一个商品或服务的名称；其次是作为动词，指的是在动物、奴隶等身上做某种印记，用来区分其所属。所以，品牌最初不具有商业性质，只是一种区分的标志。后来随着经济社会的发展和市场竞争的加剧，品牌的内涵也发生了明显的变化。在市场经济高度发达的今天，品牌已经超越了其作为"烙印"的区分属性，其内涵更加丰富，既有表层符号又有内在价值。关于品牌的内涵，国内外学者提出了各自不同的观点，归纳起来可见表 2-1。

---

① STP 中的 S、T、P 分别代表 segmenting（市场细分）、targeting（目标市场）、positioning（市场定位）。STP 营销是现代市场营销战略的核心。

② 4P 代表 product（产品）、price（价格）、place（渠道）、promotion（促销）。

③ 4C 代表 customer（顾客）、cost（成本）、convenience（便利）、communication（传播）。

表 2-1 品牌的内涵

学者(时间)	品牌内涵
Farquhar(1989)	品牌是一个能使产品超过其功能而增加价值的名称、符号、设计或标记
Kevin Lane Keller(1993)	品牌是区别一个产品与其他产品的特征
de Chernatony(2001)	品牌是对独特体验做出情感的和功能的承诺的集合
苏勇、陈小平(2000)	品牌不仅是企业有价值的资产和消费者的偏好,更是企业产品/服务与消费者之间关系的载体
Heding 等(2009)	品牌是一种标识、一种理念,是用于区别同行竞争、吸引消费者的符号

资料来源:作者根据相关文献整理。

通过对品牌定义的总结,可以看到,国内外学者对品牌的内涵有着不同的看法,但总体可以归为以下几个类别:

①品牌是一种标识。这类观点认为,品牌是一种能体现某一产品或服务价值和理念的醒目的符号。品牌是一种错综复杂的象征,它包括名称(name)、术语(term)、标记(sign)、符号(symbol)、设计(design)等不同部分,也可以是它们的组合(Farquhar,1989;Kotler,1997)。这种象征在消费者心目中会形成一种特殊的印象,有利于消费者把该产品或服务与其他产品或服务有效地区分开来(Keller,2000)。这种有效的区分为消费者后续消费提供了先决条件。

②品牌是一种综合。这类观点将品牌置于营销乃至整个社会的大环境中加以分析,认为品牌不仅具有名称、符号等,对于品牌的研究还应该从品牌的信息整合功能入手,主要从溢价功能、消费者视角、顾客关系及文化内涵等方面去综合考虑(Heding et al,2009)。

③品牌是一种关系。这类观点基于消费者与品牌之间沟通的角度,把品牌看作消费者的某种偏好。在一般情况下,那些知名品牌可以给消费者提供一种可靠的承诺(de Chernatony,2001),这种承诺包括产品或服务的质量、文化及更多的附加功能。

④品牌是一种资源。这类观点认为,作为一种资源的品牌具备相应的价值,从情感视角来看,消费者可以对这种品牌资源产生情感依

恋,进而形成品牌忠诚度;从经济视角观察,品牌资源具有溢价功能,这种资源可以为它的持有者带来丰厚的利润;从消费者视角来看,品牌这种资源可以为消费者提供购买后的心理满足感。

2.1.3 国内外品牌理论研究现状

(1)国外关于品牌理论的相关研究

在国外,品牌已成为营销领域一个重要的研究方向。关于品牌的概念,世界著名的广告大师大卫·奥格威(David Ogilvy)认为:"品牌是一种错综复杂的象征,它是品牌属性、名称、包装、历史声誉、广告方式的无形的总和。品牌同时也因消费者对其使用的印象,以及自身的经验而有所界定。"(张永顺,2002)《哈佛管理丛书——最新企业管理大辞典》中指出,品牌之于商品或服务恰如人的名字一般,用于区分各个不同的商品,更能让人们根据各自的需要选择不同品牌所代表的具有不同特点的商品或服务。在商业领域中,品牌是一种重要的资产,代表着企业的形象、声誉和价值。一个成功的品牌可以吸引消费者,提高市场份额,并为企业创造更多的商业机会。

品牌理论的研究和实践大致可以分为三个阶段:品牌标记理论、要素组合理论、品牌价值理论。

营销品牌专家Aaker(1996)基于市场营销角度,提出品牌是独特的名字或者标识,比如商标、图案、外包装设计等,将类似产品、服务与市场竞争者相区分,核心目标是突出企业产品和服务的特点。美国市场营销协会在2001年提出,品牌是一种名称、术语、标记、符号或图案设计,或者是这些元素的组合,借以辨认某个销售者或某群销售者的产品或服务,并使之与竞争对手的产品和服务区分开来(王新新,2004)。市场营销专家Philip Kotler(2003)从品牌的组成要素出发,进一步定义了品牌,认为品牌是一种名称、标记、符号、图案或者它们的组合,品牌定位旨在满足消费者的需求和期望,同时也用于区分竞争对手之间的产品和服务的差异。品牌在市场营销中扮演着至关重要的角色。一个强大的品牌可以使产品或服务更具吸引力,增加消费者忠诚度和市场份额。品牌定位是品牌建设的关键,它需要深入了解目标消费者的需求和期望,以及竞争对手的产品和服务的优劣势。为了打造成功的品牌,企业需要制定有效的品牌战略,包括品牌名称、商标、视觉识别系统、广告宣传等。同时,企业还需要持续关注市场动态和消费者的反馈,不断改进和优化品牌形象和定位,以保持竞争力和吸引力。专家学者对品牌的定义更多关注标志、图案等,这个阶段对品牌的认知是一种识别的概念。

品牌要素组合理论认为,品牌是可以提升产品和服务的竞争力,使产品多种要素、信息重新构建和组合。而品牌的价值理论,则是强调品牌是一种社会和企业的无形资产,这个阶段的"品牌"是一个社会认知概念。Kapferer(1997)认为品牌的内涵意义超越名称、产品或者服务本身,能够赋予自身价值。有些学者将品牌研究总结为品牌观念时代、品牌形象理论、品牌关系、品牌资产等概念。

17世纪的英国首先出现广告代理商,由于商业竞争的需要,广告需要专业咨询和策划,这一过程被认为是品牌实践的雏形。18世纪中期,欧洲部分国家已经有专业从事广告设计的画家,这推动了品牌的设计与发展。美国商标法的两次修改更加强了品牌在法律意义上的保护。广告被广泛认可,报纸和杂志成为主流的媒体,媒体传播客观上推动了品牌的形成和发展。20世纪40年代以后,随着经济的复苏发展和市场竞争的加剧,大型企业集团更加注重消费者的体验,同时人们的消费也出现多样化、高档化、个性化等特点,企业、产品形象对于市场竞争也越来越发挥重要作用,所以越来越多的企业开始注重品牌的经营与管理,由此出现了具有现代意义的品牌。20世纪50年代,美国学者大卫·奥格威第一次提出品牌概念。

专家学者对于品牌学的理论研究,基于市场营销和管理学科,在研究品牌生态理论时更加关注品牌的个性、品牌生命周期、品牌生态系统三个方面。Berle等(1932)从要素组合理论研究入手,提出品牌的构成要超越产品功能、服务、标志本身,更加注重品牌内在的文化和个性价值。这一研究被认为是"品牌个性理论"的首次提出。

20世纪80年代，城市、联合竞争逐步白热化，部分专家学者探索城市品牌建立和提高城市竞争力，将品牌理论引入公共管理领域，并且提出城市、地区营销概念，将经营企业和产品的理念应用于城市形象品牌，通过形象定位、市场营销等途径，提升城市或者地区的品牌知名度。随着城市品牌和营销实践的不断发展，区域品牌概念和区域品牌管理逐渐引起专家学者的关注，地区营销者把一个地区看作一个产品，对这个地区的形象进行规划、设计与推广，以促进地区发展。Kotler(2003)对地区营销理论进行了系统研究，认为通过对区域资源的整合和形象定位，加强消费者市场细分，可以提升区域吸引力和品牌传播能力，塑造富有活力的地区形象。Blackston(2000)最早提出品牌关系理念，不同于以往仅仅从消费者视角或者营销角度研究品牌，而是研究品牌与企业、品牌与消费者、品牌与市场之间的内在关系。从这一阶段开始，品牌关系逐渐成为品牌理论研究的焦点。

(2)国内关于品牌理论的相关研究

国内品牌理论的研究始于品牌的价值理论。谢志忠和黄晓玲(2002)认为品牌是一种无形资产，是能够增加产品附加值、满足消费者需求的必要物。郭鲁芳(2006)认为品牌是具有一定知名度、美誉度的产品或者符号、图案等，可以满足消费者的功能需求和附加值体验。

国内主要从营销、管理、文化和形象等方面研究品牌。乔远生和高飞(2003)认为城市品牌的塑造是系统性、社会化的工程，应用品牌营销、管理等策略打造城市品牌。梁明珠和陈小洁(2004)认为构建旅游城市品牌应该依托于城市文化和内涵，彰显城市独特性和吸引性，提升旅游城市综合竞争力。杨铭铎和郑超(2002)认为旅游行业应该结合游客需求和行业特点，强化对形象塑造、品牌定位、产品品牌延伸等的认识，积极创建旅游品牌，增强旅游产品的吸引力和综合竞争力，推动旅游行业可持续发展。李海廷和孔令一(2007)从消费者和品牌关系视角，提出新型品牌关系模型，为企业品牌化研究提供借鉴。

综上所述，学者们对品牌的认识从标志、图案、记号等识别意义开始，发展到探索品牌赋予产品、企业、城市的内涵和意义。业界从品牌创建的要素组合分析入手，重视品牌的体验和品牌管理，利用大数据和新媒体等手段推动品牌形象传播，经营品牌资产。无论是从产品或者企业角度，还是基于消费者角度，品牌都是消费者对产品与服务的综合感知，是一种无形资产。专家学者对品牌的理论研究不断深入和外延，将品牌理论应用到其他学科和实践当中，认为应当着重研究品牌文化内涵。图案、口号或者标志等只是品牌的外在属性，能够支撑品牌可持续发展的是品牌的文化内涵，只有将产品特色、区域城市底蕴深植于品牌文化当中，才能保持品牌形象深入人心，将品牌形象和价值准确地传递给消费者，提升影响力和竞争力。

2.2 游客感知相关理论研究

"感知"这一词汇来自心理学，是客观事物通过感觉器官在人脑中的直接反映。其概念的实践意义已超出心理学范畴并且拓展到管理学领域，使用次数较多的是消费者行为学和市场营销学。感知包含了消费者选择性地感受、关注、理解信息的过程，在这个过程中会受到很多因素的影响，例如消费者的年龄、职业、性别、学历等。感受、关注、理解这三个部分构成了感知的过程。在旅游领域，感知扮演着至关重要的角色。它涉及游客、居民等多主体对于旅游目的地的多重感觉和评价，这些评价涵盖了对历史文化、服务水平和周围环境的综合感受。感知主要分为两大类：直观感知和行为感知。直观感知是游客对旅游目的地最直观、最直接的感受与判断，包括但不限于旅游地的整体布局、建筑的颜色和基础设施建设等，这些元素直接影响到游客的第一印象和整体感受。行为感知则是指游客在某个空间内的交流和行为，包括购买纪念品、就餐等消费行为，以及人际互动交流等。行为感知与游客的体验和活动密切相关，也是旅游目的地吸引力的重要组成部分。在感知因素中,可以将其分为物质因素和非物质因素。物质因素主要指能够带给游客直接感受的因素,比如当地的建筑物、街道和标志性物体等。这些物质因素是旅游目的地形象的重要组成部分,也是游客评价旅游目的地的重要依据。而非物质因素一般指特殊行为活动和当地特色的人文风采。这些非物质因素能够增强游客的体验和记忆,也是旅游目的地独特性和差异化的体现。

综上所述,对于旅游目的地的感知和评价是多方面的,包括历史文化、服务水平、周围环境等多个方面。而直观感知和行为感知是游客对旅游目的地最直接、最真实的感受,也是旅游目的地吸引力的重要组成部分。

2.2.1 具身认知理论

(1)具身认知理论简介

作为研究人类认知规律的新兴理论,具身认知理论最早起源于存在论(be in the world)和身体-主观论(body-subject)的哲学思想,主张人类所有的心智,包括知觉、记忆、思维、态度、情绪等都根植于身体,提出应重点关注模拟情境和身体状态对人的心理认知与行为的影响。

(2)具身认知理论在旅游领域的应用

20世纪90年代,具身认知理论的快速发展促使旅游领域开始关注游客身体和具身性等话题。学者们认识到,旅游体验的理解应从"旅游即观光,观光即看景"的传统凝视范式转为"旅游即体验,体验需具身"的具身范式(陶伟 等,2019)。旅游具身体验则是由学者们从具身范式理解旅游体验时衍生出的新概念,指游客经由自我身体与旅游情境发生交互作用并产生内部概念建构的过程。由此可见,游客所处的时空情境与身体的感官知觉与运动系统等发生复杂互动,并对游客的认知和后续行为的形成机理产生关键性影响作用。

(3) 具身认知模型

具身认知理论认为，人类身体与外部情境互动时产生的感觉活动将影响内部概念的建构，如思维、态度、感知等，该形成过程即为具身认知过程（魏华 等，2018）。具身体验的感觉活动分类存在差异，多位学者认为，运动觉和多感官知觉等神经活动与个体认知存在明确联系（陈伟珂 等，2021）。本研究选择身体感、运动觉与感官知觉三类感觉活动作为具身体验维度，并构建如图 2-1 所示的具身认知模型图。

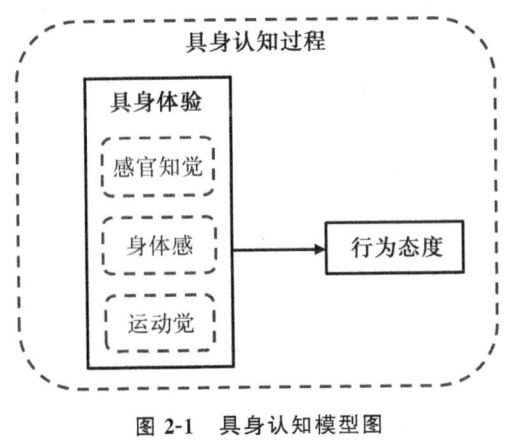

图 2-1　具身认知模型图

2.2.2　真实性感知研究

authenticity（真实性）这个词源于希腊语中的 *authents*，其原始含义指的是原初的、真实的、可信的。在国内，学者们多将其称为"真实性"或"原真性"、"本真性"。自从 MacCannell（1973）在 1973 年首次将"真实性"应用于旅游研究以来，旅游真实性便成为国内外学者研究的热点话题。在这个长期的理论发展过程中，逐渐形成了四大流派，分别是客观真实性、构建真实性、后现代真实性和存在真实性。这四大流派分别从不同的角度来探讨真实性的概念，并为旅游研究提供了新的视角和思考方向（见表 2-2）。

表 2-2 真实性四大流派

流派	客观真实性	构建真实性	后现代真实性	存在真实性
代表人物（时间）	Boorstin(1964) MacCannell(1973)	Bruner(1989) Culler(1981)	Baudrillard(1983) Eco(1986)	王宁(2007)
主要观点	强调的是客体的原真状态，是事物所具有的一种可以客观衡量的属性	强调真实性是通过社会构建形成的，不同个体对真实性的感知存在差异，是一种具有象征意义、符号化的真实	认为真实与不真实之间的界限是模糊的，关于真实与不真实的争论在理论上是毫无意义的，可以利用人造物达到超真实的境界	关注旅游主体的感知，游客只要能够通过旅游活动获得本真的自我，就是真实的

资料来源：作者根据文献整理。

2.2.3 感知价值理论

（1）感知价值概念

感知价值是一个复杂且多维的概念，其内涵会随着不同情境和背景而发生变化，具有丰富的内涵及主观性和动态性，学者们对感知价值的描述也各不相同（见表 2-3）。在消费者购物过程中，感知价值理论研究消费者如何评估产品或服务的价值，并对这一过程的结果进行分析。通过对国内外相关文献的深入研究和整理，我们可以明确地看到，对于感知价值的理解主要可以分为两大类：理性观点和经验观点。理性观点在早期的文献中占据主导地位，认为消费者是理性的，强调产品是具体属性的表现，将产品视为解决问题和达到消费目标的方法。这种观点追求的是效用的最大化和偏好的最大化。它着重于消费者的决策过程，以及如何在给定的情况下选择最能满足其需求的产品。然而，随着研究的深入和消费者行为的变化，经验观点逐渐受到了学者们的关注。经验观点将消费视为一种纯粹主观的意识形态，认为消费体验是由一系列复杂的象征意义、享乐反应和美感准则所构成的。它更注重消费过程中的主观感受，而不仅仅是产品的物理属性。经验观点更多地从心理学、社会学等角度出发,将消费者视为具有情感、偏好和经验的个体。这种观点强调的是消费者与产品之间的情感联系,以及产品如何满足消费者的情感需求。理性观点和经验观点为我们全面且深刻地阐释感知价值奠定了理论基础。这两类观点为我们提供了理解消费者行为和决策过程的全面视角,使我们能够更好地理解消费者是如何评价和感知产品价值的。

表 2-3　国外学者对感知的描述

	学者(时间)	感知价值定义
理性观点	Zeithaml 等(1988)	感知价值是消费者基于感知利得与感知利失而形成的对产品效用的总体评价
	Day(1994)	顾客价值是感知的利益与感知成本间的差异
	Monroe(1990)	感知价值是购买者的价值感知,代表产品的感知质量或感知利得与产品价格的感知利失的权衡
	Gale(1994)	感知价值是顾客将其在市场上所购买的产品或服务的质量与其所付出的相应价格和竞争者之产品或服务相比较所产生的一种感觉
	Chen 和 Dubinsky(2003)	感知价值是顾客将为获得期望利益和其所付出成本相比较而感觉到的净利益
	Kotler(1997)	感知价值是指从拥有和使用某种产品中所获得的价值与为取得该产品所付出的成本之差,顾客传送价值=整体顾客价值－整体顾客成本
	Bollon 和 Drew(1991)	顾客感知价值就是顾客在效用的基础上做出的整体性评价,主要衡量其所获得的利益与所付出的成本
经验观点	Holbrook 和 Gardner(1993)	消费者感知价值应该注重产品与服务产生价值的消费体验,强调通过产品的使用和选择来满足自我情感上的需求和欲望
	Woodruff(1997)	顾客价值是对于他们预期结果的知觉,经使用产品或服务以达到渴望的目的
	Wyner(1998)	顾客价值是由产品本身或非产品的相关印象、经验产生,而且是在过去已实现或在未来将实现的
	Chandon 等(2000)	感知价值不仅包括功利主义价值,还包括享乐主义价值。功利主义价值主要是帮助消费者追求最大化效益,节省金钱、时间等成本;而享乐主义价值注重内在刺激、娱乐以及自我尊重等

资料来源:作者根据文献整理。

（2）感知价值对消费行为的影响

已有研究不仅深入分析了感知价值的作用机理，还系统探索了影响感知价值的前因变量。其中，较具代表性的研究为 Fornell 等（1996）提出的美国顾客满意度指数（ACSI）模型，该模型包括三个前因变量和两个结果变量，其中感知价值是由顾客期望和感知质量共同决定的，并通过中介变量感知价值影响顾客满意度，顾客满意度再进一步影响顾客忠诚度和顾客抱怨行为。Zeithaml 等（1988）在消费者购买行为研究模型中加入感知价值变量，感知价值作为中介变量，在质量与消费者行为之间起到中介作用。他们的研究发现，消费者购买行为主要取决于消费者感知价值。Wu 和 Hsing（2006）则进一步分析了感知利失、感知价值与消费者购买行为之间的关系。他们的实证分析结果表明，感知价值对消费者购买行为具有显著的正向影响。Hellier 等（2003）引入顾客参考、感知价值、品牌认知等七个变量，构建了消费者重复购买的结构方程模型。他们通过对保险公司客户的调查分析发现，感知质量通过感知价值影响客户满意度，感知价值对顾客满意度和品牌感知具有显著的正向作用，而顾客满意度对购买倾向的影响只是相对显著。Lee 等（2007）将感知价值分为功能价值、情感价值和整体价值，探讨了感知价值三维度对满意度及推荐意愿的影响。他们的实证分析结果显示，功能价值、情感价值、整体价值与顾客满意度显著正相关。上述文献表明，感知价值不仅对消费者的购买意愿具有直接影响，还通过顾客忠诚度、满意度等变量间接影响消费者的购买行为。

在消费者行为领域，关于消费者感知的研究是比较丰富的。许多学者根据自己的研究从不同的角度阐述了消费者感知的概念。学界较为认同的概念是，消费者感知是在特定方式或者环境的刺激之下，消费者根据自己的需求和以往经验形成的对产品或服务的有效性、安全性等情况的一系列心理感受，以及对产品相关信息进行的一些主观评价与分析。消费者感知源于企业为顾客提供产品或服务后，消费者对自己利益的一个综合评估，对于企业而言是具有重要意义的。因为消费者感知在整个消费者购买行为过程中起着引导的作用。消费者感知是一个复杂的概念，涵盖了多个方面，其中最为重要的两个方面是感知风险和感知价值。消费者感知风险是指消费者在购买产品或服务时所感知到的风险。这种风险源于消费者对购买过程中可能出现的各种不确定性的感知，可以分为操作风险和固有风险两个方面。操作风险是指消费者在选择品牌的产品或服务时，由于购买过程中的冲突而产生的风险。而固有风险则是指产品或服务本身所具有的风险，这种风险对于消费者来说是一种潜在的风险。Cox(1967)进一步提出了消费者感知风险的量化方法，认为消费者感知风险包括身体风险、财务风险、心理风险、时间风险和社会风险等，感知风险包括时间、绩效、身体、心理、社会和财务相关的决策风险等。消费者的感知价值是指消费者在购买和使用特定产品的过程中所感受到的效用和支付成本之间的平衡。Zeithaml等(1988)根据心理学研究明确指出了消费者的感知价值，认为消费者的感知价值是收入和成本之间的博弈。刘刚和拱晓波(2007)通过问卷调查的方法对消费者感知价值的各个维度进行了相关的实证研究，他们的研究结果表明消费者感知价值包括五个维度，即功能性价值、象征性价值、感知风险、体验性价值以及感知个人付出。这为理解消费者感知价值的各个维度提供了重要的参考依据。闵梅梅(2007)以快消品为研究对象，设计出相关的消费者感知价值维度，通过问卷调查的方法收集数据并进行消费者感知相关的实证研究，其研究结果表明消费者感知价值包括功能价值、社会价值、情感价值和利润损失价值这四个维度。

感知价值理论源于 Zeithaml 在 1988 年提出的顾客感知价值理论。该理论从顾客的角度出发，将顾客感知价值定义为顾客在获取产品或服务的过程中，对其所能获得的利益与所付出的成本进行权衡后，对产品或服务的整体效用所形成的感知和评价。Zaithaml 认为，企业在为顾客设计、创造、提供价值时，应该从顾客导向出发，将顾客对价值的感知作为决定因素。因此，顾客感知价值并非由供应企业所决定，而是由顾客根据自己的感知和期望来评价产品或服务的价值。这一理论对于企业来说非常重要,因为顾客对产品或服务的价值感知是企业获得持续竞争优势的关键。如果企业能够更好地了解顾客的感知价值,就能够更好地满足顾客的需求和期望,从而提高顾客满意度和忠诚度,最终实现企业的长期发展。因此,企业需要不断地了解和研究顾客的感知价值,以便更好地为顾客设计和提供有价值的产品或服务。同时,企业也需要不断地改进和创新,提高自身的竞争力和可持续性。这种价值实际上就是顾客感知价值。在一项探索性的研究中,Zeithaml 和 Berry(1988)根据顾客调查的结果,总结出了顾客感知价值的内涵,并构建了顾客感知价值模型(见图 2-2)。

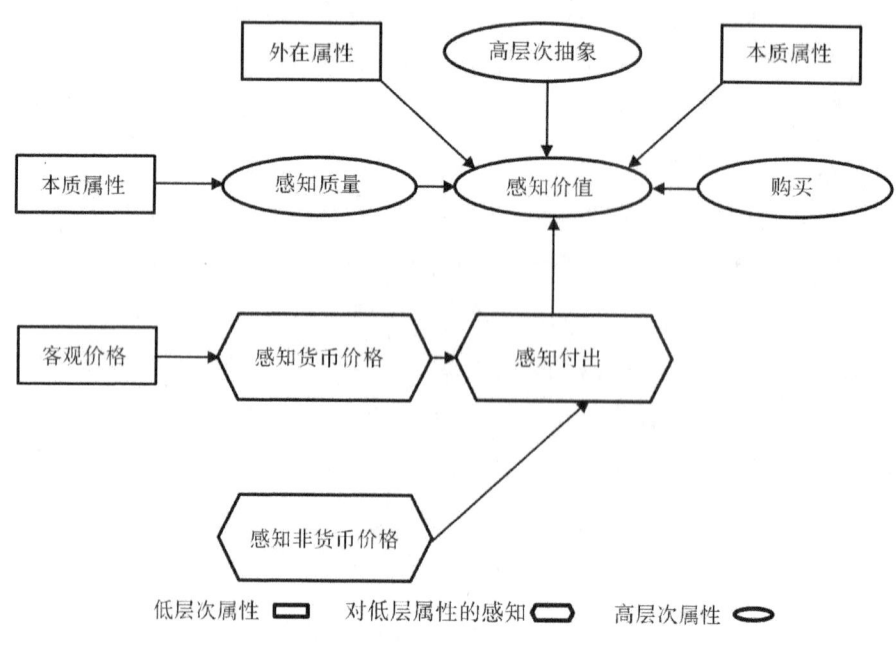

图 2-2　Zeithaml 等(1988)的顾客感知价值模型

2.2.4 感知质量研究

自 20 世纪 70 年代以来,科技、经济、文化和政治外交等各个方面的竞争都变得日益激烈。在这样的背景下,学者们开始调整他们的研究重点,不再用客观的感知质量媒介作为核心研究对象,反而转向了对游客感知质量的研究。在1982年,芬兰学者Gronroos则将感知质量的概念引入心理学相关领域,并强调要以服务品质为核心。1984年,McGoldrick提出了一个观点,他认为顾客是通过主观感受来评价产品或其他服务的相关质量的,然而他并未对此感知质量的概念给出明确的统一定义。Zeithaml等(1988)更偏向认为产品的感知质量是由其整体优越性或者某个领域的卓越性所决定的。美国品牌界的领军人物Aaker(1996)则认为品牌效应是决定产品质量的决定性因素,影响游客的感知质量。

2.2.5 游客感知理论

通常而言,人们的感觉——味觉、嗅觉、听觉、视觉和知觉,即整体事物在人脑中形成的反映,从社会心理学的角度上被合称为感知。

游客感知研究包括了感知价值、游客体验、感知质量等相关研究。国外学者通常采用实证研究的方法来深入探究游客感知,他们从多个角度出发,如旅游地环境、服务质量、安全、产品质量等,以了解游客在旅游过程中的感知和影响感知的因素。Decrop和Snelders(2005)认为,游客感知的概念是游客在前往旅游目的地时,通过收集与旅游有关的所有信息,将这些信息转化为自身的内在思想,实现感知的过程。Pechlaner等(2002)指出,游客感知是一个评价过程,游客根据对旅游目的地的服务、资源、旅游产品等方面的认可程度来形成感知。这个评价过程不仅涉及产品和服务的质量,还扩展到对旅游目的地地理环境和自然资源的评估。Agapito等(2014)则认为游客感知主要是研究不同的案例地点的游客满意度和旅游过程中的感受,探求其他文化与游客认知之间的联系,以及游客对旅游服务的质量满意度等。

2.3 满意度相关理论

2.3.1 消费者满意度

(1)消费者满意度的内涵

消费者满意度这一概念于1965年由Cardozo首次在营销领域中提出。Cardozo认为满意度是消费者对产品的评价,它受到消费者的投入与期望的影响。此后,Oliver(1980)基于消费者期望与投入所构建的"期望-不一致"(expectation-disconfirmation)理论奠定了消费者满意度理论的基础。该理论将消费者满意度视为消费者在购买后体验中,当其期望与实际体验相匹配时的心理状态,同时也是个人对产品性能所带来的愉悦水平的判断。"期望-不一致"理论认为,消费者满意度是由几个因素形成的,包括消费者预期、消费者感知价值确定、消费信息不一致评估等。自19世纪70年代以来,消费者满意度成为市场营销领域的研究热点(Churchill and Surprenant,1982)。

国内外学者对消费者满意度给出了自己的理解,大多围绕期望与感知展开。Fishbein和Ajzen(1975)指出消费者满意度是消费者根据个人想法采取特定购买行为的主观感受。Hempel(1977)将消费者满意度定义为基于期望与绩效的评估。许士军(1987)从利益关系的角度,认为消费者满意度是消费者在消费完产品和服务后通过评估判断所产生的一种特定的感受行为。Dodds等(1991)认为消费者满意度是衡量消费者是否愿意二次或多次消费的尺度。Morwitz和Schmittlein(1992)将消费者满意度作为消费者购买行为的感受信息。Kotler(1997)强调,消费者往往选择购买品牌产品来满足其心理、情感与实际需求。赵杰坤(2017)研究认为,消费者满意度是消费者在消费过程中产生的一种心理感受,这种感受可以预测消费者的购买决定和购买行为。消费者满意度对于企业的成功至关重要,因为它可以促成消费者的再次消费,增加客户忠诚度,促进口碑传播。这一观点得到了焦冠哲(2018)的支持,他认为消费者满意度是推动消费者再次消费的关键因素。

消费者满意度是一个复杂且多维的概念,涉及不一致的评价、心理状态、满足反应、情感反应、评价反应、总体评价或总体属性现象等多个方面。在现有的定义中,我们可以看到消费者满意度通常包含三个基本维度:消费者满意度是一种情感或认知反应,表现为消费者在消费后对产品或服务产生的满足感或认同感;消费者满意度是消费者对期望、产品、消费体验等的反应,即消费者对所购买的产品或服务的质量、性能、外观、价格等方面的期望与实际体验进行比较后的结果;消费者满意度的反应发生在选择后、消费后、体验累积等特定时间,这种反应是消费者在特定时间、针对特定焦点的反应。因此,消费者满意度不仅涉及消费者的情感和认知反应,还与消费者的期望、产品或服务的质量以及消费体验等多个方面密切相关。同时,消费者满意度的反应也是发生在特定的时间点,受到多种因素影响的。

(2)消费者满意度的测量与模型

消费者满意度是一种主观感受,难以直接测量。Aiello 和 Rosenberg(1976)认为可以进行单一整体满意度测量,将消费者满意度看作整体性的反应,作为消费者对产品或服务的主观感知的总和。但有学者认为此观点过于片面,不能涵盖消费者满意度所涉及的不同因素,使得测量结果缺乏科学性、合理性;应当由消费者对产品或服务的各个属性进行评估后再进行加总。20 世纪末,随着消费者满意度研究的逐渐深入,国内外学者开始对消费者满意度进行测量并建立模型。Oliver(1980)提出期望差异模型,Westbrook 与 Reilly(1983)提出顾客需要满意程度模型,Cadotte 等人(1987)提出顾客消费经历比较模型。下面介绍几个比较重要的消费者模型。

①费耐尔模型

费耐尔构建了由消费者感知质量、消费者期望、消费者感知价值、消费者总体满意、消费者抱怨和消费者忠诚这六个变量组成的消费者满意度模型,是运用最广泛的消费者满意度模型(Fornell,1992)(见图2-3)。

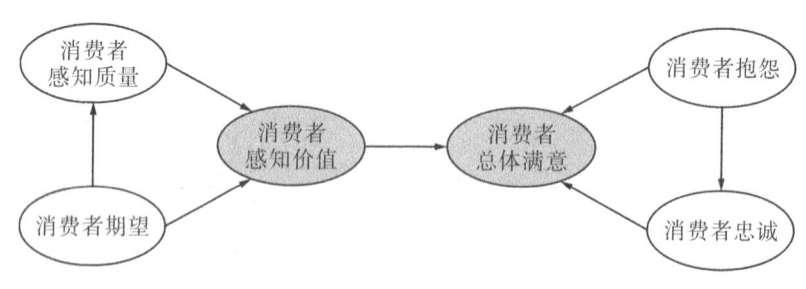

图 2-3　费耐尔模型

②美国顾客满意度指数模型

该模型在美国国情的基础上结合费耐尔模型进行改进,将感知质量细分为顾客化、可靠性、整体性三个变量(见图2-4)。该模型通常用来协助政府监测宏观经济运行状况及消费者满意度。

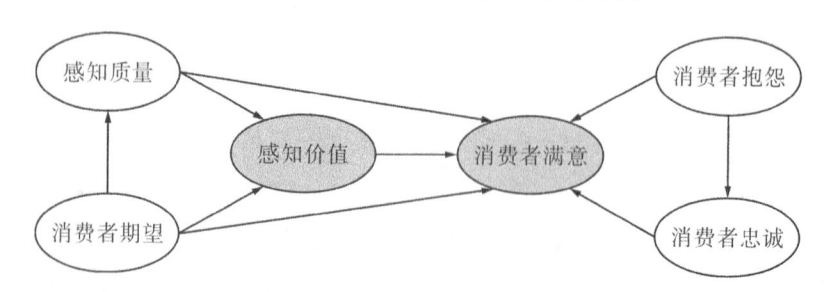

图 2-4　美国顾客满意度指数模型

③欧洲顾客满意度指数模型

该模型在美国消费者满意度测评模型的基础上加以改进,将消费者抱怨调整为企业形象(见图2-5)。

④中国消费者满意度指数模型

该模型由清华大学中国企业研究中心构建,是国内第一个包含各品类消费者满意度的模型。该模型提出了品牌形象,并将消费者预期

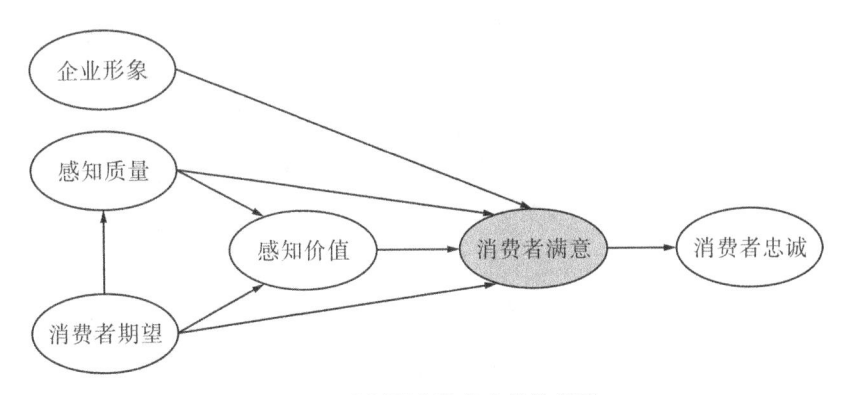

图 2-5　欧洲顾客满意度指数模型

调整为消费者预期质量（见图 2-6）。

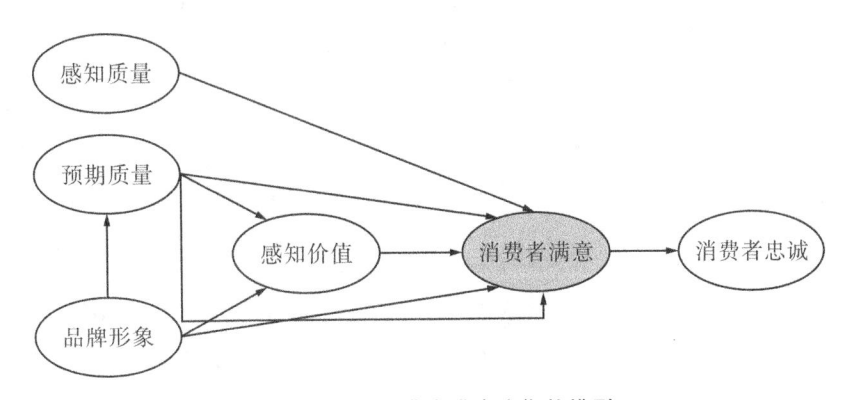

图 2-6　中国消费者满意度指数模型

2.3.2 游客满意度

(1) 游客满意度的内涵

游客满意度这一概念来自于消费者满意度。Simon(1997)于1997年提出"令人满意准则"，这一理论延伸进入社会学等领域，逐步产生"消费者满意度""员工满意度"等理论。随着旅游业的发展，满意度理论也被引入旅游问题研究中，用来研究游客在旅游过程中的满意感知，将旅游产品与服务视作一般商品与服务，并将游客满意度定义为游客对目的地的体验与期望相互作用的结果(Pizam,1978)。

不同视角下游客满意度的定义也可能因侧重点的不同而有差异,因此需要考虑情景因素对游客满意度的定义产生的影响(Bigné et al.,2001)。总体评价视角定义强调从整体角度看待旅游体验的结果,包括游客对旅游目的地的整体印象和感受。这种视角认为,游客满意度不仅仅是单一方面的反应,而是对整个旅游体验的综合评价。满足反应视角将游客满意度视为游客期望与需求得到满足的反应。这种视角强调了游客对旅游体验的期望与实际体验之间的比较,如果期望得到满足,游客就会感到满意。评价反应视角则将游客满意度定义为游客对体验的评价反应。这种视角认为,游客满意度是游客对旅游体验的主观评价,包括对旅游目的地的环境、设施、服务等方面的评价。情感反应视角则认为游客满意度是游客在旅游体验后的情感反应。这种视角强调了游客在旅游过程中的情感体验,如愉悦、放松、兴奋等,这些情感反应都会影响游客的满意度。价值收益视角则强调游客的净收益价值,即游客在旅游过程中所获得的收益与所付出的成本之间的比较。如果收益大于成本,游客就会感到满意;反之则不满意。心理状态视角则认为游客满意度是由旅游体验激发的认知或情感状态。这种视角强调了旅游体验对游客心理状态的影响,如认知、情感、态度等方面的影响。综上所述,游客满意度的定义可以从多个角度进行探讨,不同的视角都有其独特的意义和价值。

(2)游客满意度的测量与模型

目前对于游客满意度的测量标准有不同的研究理论。国内学者构建了测量游客满意度的指标体系,分析景区业务流程,总结影响游客满意度的因素,运用模糊综合评价法建立了测量游客满意度的数学模型(董观志、杨凤影,2005)。此外,有学者研究认为测量模型需要考虑适用条件、旅游产品的消费特点等效度问题,对游客满意度的测量应包括产品物理属性、服务质量和情感体验的测量(马天 等;2017)。蔡彩云等(2011)以永定土楼为研究对象,构建了游客满意度评价指标。

国外研究者,如 Martilla 等(1977)提出重要性-绩效分析(importance-performance analysis)模型,Zeithaml 和 Berry(1988)提出服务质量(service quality,简写为 SERVQUAL)模型,Cronin 等(1992)提出服务绩效(service performance,简写为 SERVPERF)模型,其中 SERVQUAL 模型和 SERVPERF 模型应用较为广泛。

2.3.3 品牌满意度

(1)品牌满意度的内涵

随着品牌满意度在营销领域中成为国内外学者研究的重点,越来越多的企业为了能够在激烈的市场竞争中赢得更多的消费者喜爱,进一步增强品牌竞争力,开始逐渐重视起品牌满意度。品牌满意度不仅可以提升消费者的购买率与重复购买率,同时能为企业带来更多的市场回报与利润,以及强化消费者对品牌的良好印象(Reichheld et al,1990)。

目前品牌满意度的定义主要分为两个方面:从强调情感的角度来看,品牌满意度是消费者在购买过程中短暂的情感反应,是一种衍生情感(Oliver,1980;Cronin et al.,1992);从强调认知的角度来分析,品牌满意度指的是消费者在购买的过程中对一个品牌的产品或者服务的可感知效果,并与预期进行对比后所形成的一系列反应与状态——这就是一个认知的过程。当消费者购买后其感知高于预期,就会产生满意感,从而提高对品牌的满意度(Westbrook et al.,1983;Cardotte and Woodruff,1987)。综上所述,品牌满意度指的是消费者根据之前的消费经验对产品或服务的个人投入与所得实际价值进行比较得到的差距所带来的心理状态(赵明明,2017)。

然而旅游品牌与传统的企业品牌相比是较为宽泛的,它包括目的地品牌、城市品牌、产品品牌、企业品牌(马聪玲、倪鹏飞,2008)。旅游品牌与通常的品牌相比,其出发点、主题、复杂程度、延伸的可能性均存在不同。梁敏俐(2004)认为旅游品牌是游客对旅游产品、服务等形成的综合认知,是一个旅游产品区别于其他产品的标志,更是旅游产品核心价值的体现。姚作为(2001)从品牌营销理论出发,结合旅游的特点,认为旅游品牌建立在旅游资源的独特性或垄断性之上,与旅游产品密切关联,能够为游客带来独特的精神享受。综上,旅游品牌满意度是指游客综合旅游资源、产品、服务、精神享受的实际感受与游前预期进行对比所得差距所带来的心理状态。

(2)品牌满意度的测量

国内外学者对于品牌满意度的测量主要持有两种观点:一是整体测量方法,以全面评估品牌满意度;二是分项测量方法,这种观点认为整体测量方法在复杂情况下可能导致消费者难以清晰、快速地判断品牌的各方面属性,因此,需要采用分项测量方法来评估每个方面的属性,以便更准确地了解消费者的需求和偏好。两种测量方法各有优缺点,适用于不同的情况。因此,应当对品牌不同的属性、不同的方面分别进行测量(Singh,1990)。

(3)品牌满意度的形成机制

①期望差异模式

首先建立一定的标准,然后评估自身投入的资源和时间等,再判断消费或服务所带来的实际价值是否高于先前的评估(Oliver,1980)。国内学者也在这一领域进行了深入的研究。当消费的预期低于消费后的实际体验时,消费者会呈现出满意的状态;反之,如果预期高于实际体验,消费者则可能表现出不满意的态度(刘俊 等,2004)。

②归因理论

运用归因理论来解释品牌满意度,需要基于一个假设,即消费者是理性的。归因理论可以从三个主要维度来解析品牌满意度:内外归因、稳定性和可控性。其中,内外归因分为内归因和外归因,由品牌自身所导致的结果被归为内归因,而由外部因素造成的结果被归为外归因。稳定性则反映了品牌所带来的结果在未来是否能够再现并持续。可控性则是指品牌能否掌控其带来的结果。研究显示,品牌满意度更多地受到内归因的影响。具体来说,内归因对品牌满意度的影响通常大于外归因。

③公平理论

根据公平理论,消费者的满意度是由自身与他人的投入回报率的比较所决定的(Oliver and Swan,1989)。当自身的投入回报率高于他人时,消费者获得满意感;反之则认为不公平,感到不满意。品牌满意度与消费者对消费过程中的消费认知息息相关。

2.3.4 满意度相关研究综述

消费者满意度是市场营销领域中衡量消费者满意程度的重要指标,影响企业的长远发展。廖颖林等(2009)以上海作为研究区域构建满意度结构方程模型,根据消费文化与可行性验证消费者满意度可以提高消费者忠诚度的结论。谭思等(2020)同样研究发现消费者的满意程度会对其忠诚度产生显著影响。影响消费者满意度的因素可以分为消费者在购前、购中、购后的心理感受与消费者对产品、服务、形象的实际感受,价格、态度、体验等因素对消费者满意度有着重要影响。在此基础上,Andreassen等(1999)进一步增加了企业形象这一因素,从而完善了该模型。王洪鑫和刘玉慧(2015)的研究则表明,信息认知、产品感知、服务质量等因素与消费者满意度之间存在正相关关系。

(1)产品视角

消费者的消费理念不同,则其满意度也会不同,购后消费者满意度受需求质量、感知质量与期望质量的影响。张均涛等(2008)通过调查发现产品的质量是影响消费者满意度最重要的因素,其次是服务感知与价值。梁杰等(2015)从产品质量安全与信息不对称的实际情况出发,提出建立产品质量安全追溯体系,在此基础上增加消费者的信任程度,提高消费者的满意程度。

(2)环境视角

Miranda等(2003)指出,线上网站的便利程度、精美程度,线下门店的环境、设施都会影响消费者的体验与满意度。郭建彬(2016)通过分析店面布局、便利性、整洁程度等,得出环境因素会影响消费者满意度的结论。

(3)便利性视角

查金祥和王立生(2006)的研究结果表明,批发市场的便利性与消费者满意度之间存在正相关关系。这就表明了,让消费者更方便地购买产品,有助于提高消费者满意度。马义华和叶祥凤(2008)研究认为,超市可以从位置、运营时间、停车位数量与位置等方面来提高消费者满意度。古川(2015)指出,开放、标准化、安全、方便的交易环境可以提高消费者满意度。

2.3.5 游客满意度

在游客满意度的研究上,国内学者王莹和吴明华(1991)最早从游客视角出发分析产生旅游期望与感受偏差的原因,此后旅游景区、旅游目的地、旅行社业、餐饮业等领域均有学者进行消费者满意度的研究。汪侠等(2010)研究发现,期望、感知价值、旅游地形象、旅游动机影响游客满意度,期望差异、感知质量主导游客满意度。孙凤芝等(2020)研究发现,游客满意度对地方依恋、地方依赖、地方认同、行为意向均有正向影响。游客满意度的影响因素包括设施、服务、产品质量等客观条件与游客自身期望、观念、情绪等有关心理变化的主观条件。

2.3.6 品牌满意度

关于品牌满意度的影响因素的研究结论并不统一,主要包括服务质量、消费者感知价值、品牌知名度等多种因素。可靠性、响应性、能力、易接近性、礼貌、沟通、可信性、安全性、理解以及有形性都是影响消费者满意度的决定因素(Gronroos,1990)。这些因素共同构成了服务质量的各个方面,其中影响顾客满意度的主要因素是服务质量(Parasuraman et al.,2006)。旅游品牌的服务质量越高,消费者的体验越好,由此建立的品牌满意度也越高。

国外学者从过程的视角通过实证研究论证了消费者感知价值对品牌满意度的影响,得出消费者感知价值与满意度之间存在正相关关系(Bloemer et al.,1998)。游客的感知价值越高,由此建立的品牌满意度越高。品牌知名度对品牌宣传和品牌管理有着至关重要的影响。品牌知名度是企业通过广告宣传和消费者口碑传播所形成的,它反映了品牌在消费者心目中的形象和影响力。一个知名的品牌可以有效地降低消费者的认知风险,增加产品的正面评价,从而提高品牌满意度。这是因为消费者通常更倾向于选择知名品牌的产品,因为它们具有更高的信誉和质量保证。品牌知名度不仅是消费者进行购买决策的重要参考依据,而且还可以提高消费者的购买信心和忠诚度。因此,品牌知名度的提高对于提高品牌满意度和市场份额具有重要意义。

国内学者也通过研究验证了品牌知名度对品牌满意度有正向影响(耿亮亮,2009)。对于旅游行业而言,品牌知名度的高低意味着企业在社会中的影响力和信誉程度。高品牌知名度意味着企业具有良好的信誉和口碑,能够为消费者提供更好的体验。

旅游品牌对地区的发展也起着重要的作用。谢新丽等(2012)认为,旅游景观、文化、特产是旅游品牌塑造的基础。宋安宁等(2014)对大理区域的研究发现,民俗文化生活类的活动更受游客欢迎,民俗文化旅游品牌得到了更多的关注。旅游品牌满意度依赖于旅游品牌的发展,而旅游品牌的发展又依赖于旅游资源、旅游地基础设施、服务水平、政策、环境的支持。因此提高旅游品牌的满意度可以从这几方面展开。这些研究表明,提升旅游品牌满意度需要综合考虑多个因素,包括旅游资源、硬件设施、服务质量、个人因素等。

2.4 品牌相关理论研究

"品牌"这个概念是 1950 年由世界著名的广告大师大卫·奥格威第一次提出的,在随后的 60 多年里迅速成为市场营销领域研究的热点。纵观现有的品牌研究成果,在经济社会发展的不同时期,学者们对品牌的研究各有侧重,大体分为以下五个阶段(卢泰宏、周志民,2003)。

第一阶段,品牌鉴定阶段(20 世纪 50 年代)。这个阶段是品牌研究的起始阶段,学者们重点对品牌的含义进行梳理,同时对于品牌标志、品牌命名的原则等进行规范,为后续深入研究奠定了基础。

第二阶段,品牌战略阶段(20 世纪 60 年代至 20 世纪 80 年代)。随着以美国为代表的西方国家经济的高速发展,品牌对企业的影响与日俱增,品牌打造被很多企业视作一项战略目标。很多新的理论从此诞生,比如品牌形象理论、品牌定位理论、品牌延伸理论等。

第三阶段,品牌资产阶段(20 世纪 90 年代)。20 世纪 90 年代,全球经济一体化的进程加快,企业跨国经营的热情出现了前所未有的高涨,在全球兴起了价格战、跨国并购等激烈的市场竞争。在这个过程中,一些企业凭借大品牌的优势,用较小的成本获取了较大的市场份额,为企业获取了更多的品牌附加值,因而该阶段企业对于品牌的市场价值非常重视。在这一阶段涌现出一批研究成果,主要包括 Kapferer 于 1997 年发表的"Managing Luxury Brands",Fournier 于 1998 年发表的"Consumers and Their Brands: Developing Relationship Theory in Consumer Research"等。

第四阶段,品牌关系阶段(20 世纪末至今)。这也是迄今为止品牌研究的最高阶段,在这一阶段,消费者与品牌之间的关系成为学者们关注的焦点。这一阶段的主要论著包括 Blackston 于 2000 年发表的"Observations: Building Brand Equity by Managing the Brand's Relationships",Keller 于 2000 年发表的"The Brand Report Card",Davis 于 2002 年发表的"Brand Asset Management: How Businesses Can Profit From the Power of Brand",Aggarwal 于 2004 年发表的"The Effects of Brand Relationship Norms on Consumer Attitudes and Behavior",以及 Chekalina 等于 2014 年发表的"A Value Co-creation Perspective on Customer-based Brand Equity Model for Tourism Destinations: a Case From Sweden"等。

2.4.1 品牌类别

根据品牌的特性,可以将品牌分为功能性品牌、形象品牌、体验性品牌。

在现实生活中,消费者购买功能性品牌主要是满足功能或物理需要。如"怕上火,喝王老吉""困了、累了喝红牛"等的产品功能性诉求。消费者对这些品牌的联想都与产品的有形方面相关。在消费者心目中,成功的功能性品牌往往与特定的产品类别密切相连。从战略层面分析,品牌发展经历三个阶段:首先是物质层面,其次是精神层面,最后是文化层面。不同层面带给消费者不同的体验,其中物质层面带给消费者的是功能性体验,也就是该品牌的功能性。

形象品牌是消费者对品牌的总体感知,它是通过投射期望的品牌形象来创造价值的。具有形象品牌的产品首先具备过硬的品质,而且消费者在使用该品牌时是由于该品牌提供了一组独特的联想或形象,与同类竞争对手比较具有明显的优势。在很多行业,产品同质性比较突出,产品质量难分伯仲,因此,形象品牌可以帮助企业区分自身产品与其他产品。如果对功能性品牌做出更为抽象的解读并把它们与消费者的某种兴趣及爱好充分结合起来,一些在开始作为功能性的品牌就可能进一步演化为形象品牌。对于形象品牌的打造,可以通过不同的途径进行。首先,可以将品牌与特定的使用者联系起来,比如不同形象品牌的汽车适合不同的使用对象就是一个很好的佐证。其次,扩展产品特征,使得产品特征能够与消费者特征进行联系,比如运动品牌耐克,就代表一类善于挑战自我极限的消费特征;沃尔沃轿车被视为是有爱心、受过良好教育、富裕一代的座驾等。

体验性品牌则是消费者通过品牌体验而形成的一种对品牌的刻板印象,具体而言是指消费者在消费的过程中通过不同感官来感受产品个性,留下特定印象的过程。品牌体验是由消费者在消费的时候与品牌本身共同创造的,品牌体验具有高度个性化的特点。

需要说明的是,虽然品牌被划分为三个不同的类别,但具体到某一个品牌而言,其所被认定的品牌类别并不是一成不变的,而是可以在功能性品牌、形象品牌和体验性品牌之间动态变化的。对于旅游目的地而言也是如此,有些旅游目的地品牌最初可能被游客认为满足了其特殊的物理需求,但在旅游的过程中,游客除了满足自身的物理需求外,或许还会收获某种特殊的体验。

2.4.2 关系营销理论

Berry(1983)在其服务营销的会议论文"Relationship Marketing"中第一次提到关系营销。他认为,企业要更好地发展,必须保持和加强同顾客的关系。Reichheld 和 Sasser(1990)认为,发展一个新顾客的成本是维持一个老顾客成本的 6 倍,基于这一理念,关系营销开始备受关注。关系营销作为一种新的营销理念,引发了营销理论和实践的革命。在以前的经营理念中,企业将其重点放在交易上,随着关系营销的出现,企业的重点也转向发展同顾客的关系上来。所以关系营销的本质是维持和改善同现有顾客的关系(Berry et al.,1983)。很快,关系营销的理念就被复制到其他相关领域,例如在产业领域,关系营销就是企业和顾客之间建立和维持长期共赢、互惠互利的合作关系(Jackson,

1985),从而使企业成为主要供应商的过程(Doely,1984)。要保持与顾客长期紧密的合作关系,必须整合广告、促销、公关等要素,通过相关的产品和服务来实现(Copulsky and Wolf,1990)。从社会交换的角度来看,关系营销是在建立、维持、加强同顾客关系的基础上,通过相互交换和实践承诺实现各取所需、互惠互利的目标(Gronroos,1984),其核心是在建立密切关系、相互产生信任的基础上完成所有营销活动(Morgan and Hunt,1994)。从企业竞争网络化的角度来看,在全球经济一体化的背景下,竞争不再是单枪匹马的竞争,要想在竞争环境中获得优势,必须实现从供应商到最终顾客的一系列关系管理,在纵向实行产业链整体合作,也就是实行战略联盟的过程(Kotler,1997)。所以,关系营销是指企业从相互竞争转换为协同作战,建立并维持企业与供应商、顾客、政府等相关群体的关系的动态过程(Gummesson,1994)。学者们对关系营销的核心观点可归纳如表2-4所示。

表2-4 国外学者对关系营销的核心观点

学者(时间)	核 心 观 点
Berry(1983)	吸引、建立、维持和促进与顾客的关系
Jackson(1985)	企业和顾客之间建立和维持长期共赢、互惠互利的合作关系
Gronroos(1990)	建立、维持、加强同顾客的关系,实现各取所需、互惠互利
Copulsky 和 Wolf(1990)	整合广告、促销、公关等要素来实现与顾客的关系
Berry 和 Parasuraman(1991)	吸引、发展和保持与顾客之间的关系
Morgan 和 Hunt(1994)	建立密切关系,在相互信任的基础上完成所有营销活动
Berman(1996)	以信任和承诺为基础,在买卖双方间建立及维持长期的关系
Kotler(1997)	从供应商到最终顾客的一系列关系管理过程

资料来源:作者根据相关文献整理。

纵观国内外学者对关系营销的研究成果,不难看出,学者们对关系营销的认识经历了一个由局部到全面的过程,即从最开始的关注顾客与消费者或企业与企业之间的关系,发展到关注顾客、供应商、政府及相关利益群体之间的全方位关系的过程。这为本书后面的研究提供了坚实的理论基础。

2.4.3 品牌关系理论

20世纪90年代，学者们将关系营销的思想进一步拓展到品牌和产品层面，极大丰富了关系营销理论并且为品牌科学的研究提供了新的思路。消费者与品牌关系（简称品牌关系）引起了学者们的广泛关注。品牌关系理论是关系营销在品牌层面的具体运用（周志民，2007）。随着心理学的快速发展及人们对品牌关注度的提高，很多学者的研究表明，心理学领域里研究人与人之间的关系的理论可以移植到消费者与品牌之间。Blackston（1992）最早提出了品牌关系的概念，认为消费者同品牌之间的关系如同人与人之间的关系一样，都遵循从最初的认知发展到情感再发展到行为这一过程。品牌关系包括消费者同某个品牌之间的关系，还包括消费者与不同品牌之间以及消费者与消费者之间的关系（Mundkur，1997）。这一论述将品牌拟人化，消费者对待品牌就像对待有情感的人一样，对品牌产生态度和行为。品牌关系是消费者对品牌的态度与品牌对消费者的态度之间的双向互动（Blackston，1992）。

消费者和品牌之间的关系产生于消费者同品牌技巧、品牌个性之间多方面的互动（Biel，1999）。在这种互动的过程中，消费者与品牌双方会潜意识地产生一种互相依赖的关系，而且品牌是这一形成过程的主动参与者，是关系体中积极的、有贡献的关系伙伴方（Fournier，1998）。人际关系的理论也可以移植到品牌关系中，品牌与消费者之间的关系与人际关系具有多种类似的形式（Fournier，1998）。消费者与品牌之间可以像人与人之间一样互相形成依赖，产生感情，进而改变消费者对品牌的态度和行为。

消费者-品牌关系建立在消费者与品牌接触的过程之中，从最初的接触到较长时间的接触，品牌关系也会发生从弱到强的变化。品牌关系的强弱同时会影响消费者对品牌所持的态度及消费行为。这一变化过程如图2-7所示。

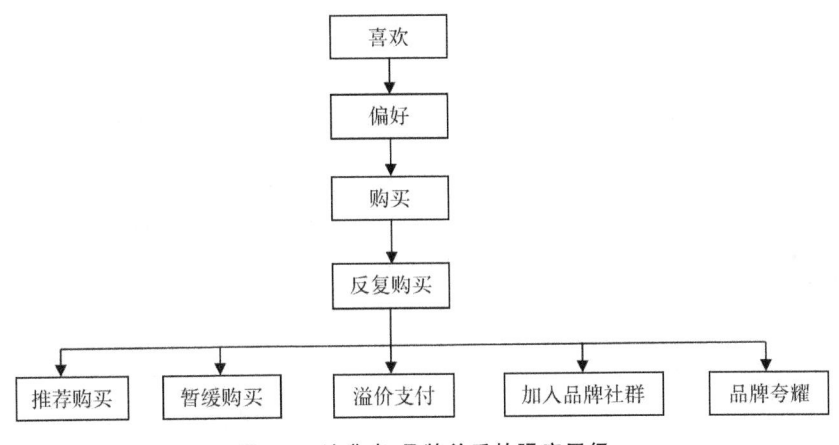

第 2 章 旅游目的地品牌相关研究综述及理论基础 | 043

图 2-7 消费者-品牌关系的强度层级

资料来源：Park 等（2006）。

我国学者对消费者-品牌关系也进行了大量的研究，其中比较有代表性的是李海廷和孔令一（2007）的消费者品牌关系模型。该模型主要立足于消费者在与品牌接触过程中的自身感受和品牌发展历程，在企业和消费者两个层面上将品牌关系阶段细化，开发了适合中国特色的消费者-品牌关系模型（见图 2-8）。

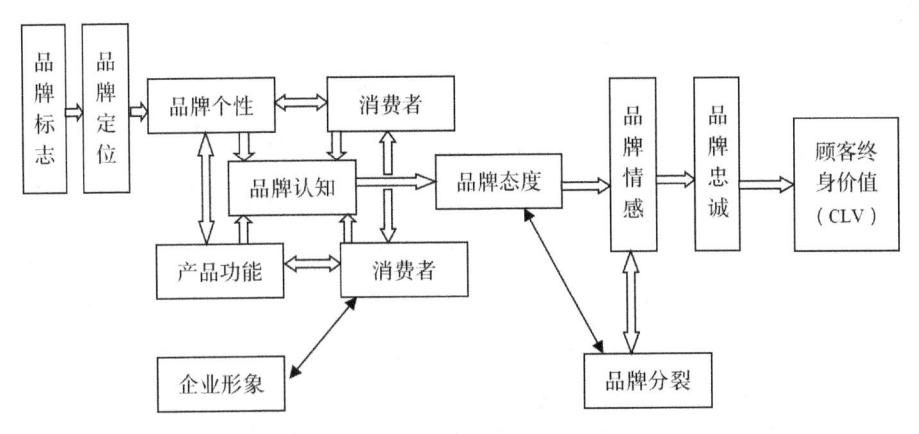

图 2-8 消费者-品牌关系模型

资料来源：李海廷和孔令一（2007）。

前人借用社会学的相关理论，创造性地将品牌关系拟人化，这是目前学界对于品牌关系研究的基本范式。顾客对品牌的满意和信任是影响品牌关系的主要因素(Blackston,1992)。顾客对品牌的满意和信任度不同会导致二者之间的关系有亲有疏,持续时间长短不一,稳定度有强有弱,通常可以用品牌关系质量来衡量顾客与品牌之间关系的程度(Fournier,1998)。依恋是消费者与品牌之间关系的较高层级(Fournier,1998)。消费与品牌之间关系的质量会影响消费者对品牌的情感、态度以及行为。

2.4.4 品牌生态系统研究

"生态系统"这一概念最早出现于20世纪30年代,是由英国著名的生物学家坦斯利提出的。他认为,生态系统是一切生物赖以生存的环境,是一个由多元化物种和生态环境构成的有机整体。在这个整体中,生物和环境之间相互关联、相互约束,共同维系着生态平衡。在此以后的一些专家学者不断加大了对生态系统问题的研究与探索力度,并且不断拓展研究范围到更广泛的领域,与此同时,也对研究模式和方法进行创新。这改变了人们以往只关注单一物种或环境问题的固有思想与理念,开始从整体性层面来探究生态系统问题。

尽管"生态系统"这个类生物词汇比较生动形象,但是由于"系统"这个词在日常用语中过于常见,很难准确反映品牌在不同成长阶段的特征。相比较而言,"生态圈"这个词更能表现出品牌在成长过程中的阶段性形态,因此学界逐渐接受品牌生态圈的概念以代替品牌生态系统,并进一步完善了相关概念。品牌生态圈是将品牌看作一个开放的平台,企业与多重利益主体一起进行资源共享,共同进行价值创造,从而生成新的能力和价值,实现多方共赢。学者们对品牌生态圈的核心观点如表2-5所示。

表 2-5　品牌生态圈的核心观点

层次	主要观点	代表性学者
品牌生态圈概念	品牌生态圈是一个有机组织,具有极其复杂的层次和结构	Winkler 等(1999)
	品牌生态圈是品牌生存的环境,包括内部营销系统、顾客以及其他外部环境	王兴元(2000) 张燚等(2003)
	品牌生态圈本质是品牌关系整合平台	许晖等(2017)
	品牌生态圈是一个企业与多重利益相关者进行价值共创的环境	何佳讯等(2017)
品牌生态圈结构特征	生态圈是持续成长的,且具有复杂动力学的特征	Aaker 等(1996) Nedergaard 等(2013)
	生态圈具有非线性、多样性的特征	王兴元(2006a;2006b)
	生态圈具有自组织性、成长性、协同性	张锐等(2003) 王启万等(2013)
品牌生态圈的形成	个体品牌生态圈的形成经过产品族群培育阶段、品牌族群培育阶段、生态圈构建阶段	许晖等(2017)
	区域品牌由形象赋权、关系赋权以及杠杆赋权三层赋权机理构建生态圈	许晖等(2019)
	构建产业集群品牌生态圈,包含产业、集群、企业等要素	王启万等(2013)

尽管上述研究为我们提供了有价值的见解和参考,但总体而言,当前学术界对品牌生态圈的研究仍然相对有限。大多数研究主要集中在概念的阐述和定义上,进行了较多的思辨性探讨,但缺乏完整的理论构建和深入的分析研究。这使得我们对品牌生态圈的理解仍停留在表面层次,未能深入探究其内在机制和运作规律。因此,未来的研究需要进一步加强理论构建和分析研究,以更全面、深入地理解品牌生态圈的运作机制和影响因素,为品牌管理和实践提供更有力的理论支持。因此,未来的研究可以进一步拓展和深化对于品牌生态圈的理解,构建更为完整和系统的理论框架,以便更好地指导实践和应用。

2.4.5 品牌依恋的内涵和维度

从上面的文献研究我们知道,Freud(1964)是最早关注依恋"行为"的学者,但他只是对依恋这种行为作了详尽的描述,并没有对这种行为进行命名。第一次提出"依恋"概念的是英国精神病学家 Bowlby(1969)。最早研究"品牌依恋"的学者是 Schultz 等(1989),他们提出品牌依恋具有整合、个性、时间三个维度。消费者与依恋对象的这种特殊情感可以延伸到很多方面,例如,在很多情况下,某些特定地点会使某些消费者产生依恋,而有些消费者却对品牌、名人甚至对自己收到礼品等特定对象产生依恋(Thomson et al.,2005;Park et al.,2006)。

随着研究的进一步深入,学者们通过实证研究探寻品牌依恋包含的维度。Thach 等(2006)认为,品牌依恋是一个单维度的概念,Park 等(2006)则认为,品牌依恋是由品牌与自我关联性以及认知和情感两个维度构成的。Thomson 等(2005)发现,品牌依恋包括喜爱、激情和关联三个维度,不同的维度又被细分为几个具体的角度。美国学者 Mcewen(2005)通过研究将品牌依恋分为自信、正直、激情和骄傲四个维度。Thach 和 Olsen(2006)提出,品牌依恋是消费者在感知的基础上,对品牌形象产生情感的心理过程。这种情感的产生并非仅仅基于外部所描述的品牌属性,而是消费者在接触品牌的过程中,通过结合自身感知和体验到的"品牌特质"来形成的独特品牌形象。消费者由于个体差异,即使对同一个品牌,不同消费者的感知也会有很大的不同,对不同品牌不同消费者的感知差异就更大。因此,有些品牌被消费者感知到的是高雅且有品位的,而有些品牌则被消费者感知到的是低俗和猥琐的(姜岩,2013)。这种感知程度的不同为消费者在不同品牌之间如何分配有限的自身资源提供了依据。消费者会将资源倾向给予感知较好且与其情感关系较强的品牌,这种较强的情感关系会激发消费者的行为;反之,消费者对其感知较差的品牌分配较少的资源,甚至对这种品牌视而不见。另外,消费者可以将品牌拟人化,从而提炼出品牌的个性,通过将品牌个性与自身个性相关联,与品牌建立起个性化关系。对品牌依恋的内涵和维度总结见表 2-6。

表 2-6 品牌依恋的内涵和维度

学者(时间)	内涵	维度
Lacoeuilhe(1997)	是消费者对品牌的一种心理上的亲近和保持持久关系的情感态度	单维度
Heilbrunn(2001)	消费者从内心倾向与品牌维持长期关系的态度	享乐、认知、人际关系、恋旧情结、自我表达、关系的长期性
Critau(2001)	顾客对其所喜欢的品牌的一种情感和依附	情感、依附
Mcewen(2005)	顾客与其所偏好的品牌之间产生的复合的情感联系	信赖、可靠、骄傲、热情
Thomson 等(2005)	消费者与自己喜欢的某些品牌之间形成的感情、热情和关联	感情、热情、关联
Thach 等(2006)	消费者与品牌之间形成的情感联系	单维度
Park 等(2006)	顾客与自身所偏好的品牌之间的关联,体现为顾客对该品牌的认知和情感关系	关联性、认知和情感
姜岩(2009)	消费者与特定消费对象的具有认知、情感和意向特性的心理纽带	认知、情感和意向

资料来源:作者依据相关文献资料整理。

通过梳理文献可以发现,Thomson 等(2005)、Park 等(2006)的定义比较全面地概括了品牌依恋的内涵。他们认为,品牌依恋是指个人与特定对象之间一种富有情感、激情和关联的关系。本书将以此作为研究品牌依恋的基础。

2.4.6 品牌依恋形成的机制

依恋理论被引入营销领域用来解释消费者与所消费对象的较高层级的关系,极大地丰富了消费者行为理论,在随后的研究中,依恋理论得到了学者们的高度关注。但是对于品牌依恋形成的内在机理,至今还没有形成统一的观点。不同学者立足自身的研究,分别从不同的角度对这一问题做了相应的探究,本书就其中的主要观点做如下回顾。

(1)消费者依恋-自我模型

Schultz(1989)首次建立了消费者依恋-自我模型。Schultz指出消费者依恋具有自发的、情感的特征,并分析了影响消费者依恋形成机制的重要因素,开创了探寻影响依恋形成机制的先河。首先,他强调顾客以往的购物经历会对其依恋程度产生重要影响。消费对象越能突出消费者的个性化自我,则消费者对其的依恋越强。这是因为产品(消费对象)个性化可以使消费者感知到其是一个区别于同类产品的更具人格化的产品,更好地满足了消费者自我表达的需求。其次,消费对象的自我表达功能对消费者形成依恋具有重要影响。当消费对象能够帮助消费者更好地表达自我和展现个性时,消费者对其产生的依恋水平会相应提高。例如,消费者喜欢向别人展示自己强烈依恋的物品。最后,消费者感知的消费对象的价值影响消费者依恋。如果消费对象只有功能性价值,而没有引起消费者喜好的附加价值,那么消费者依恋就会较小;反之,消费者的依恋就会比较大。Schultz等学者首次将消费者依恋理论与消费者自我理论结合起来,其模型如图2-9所示。

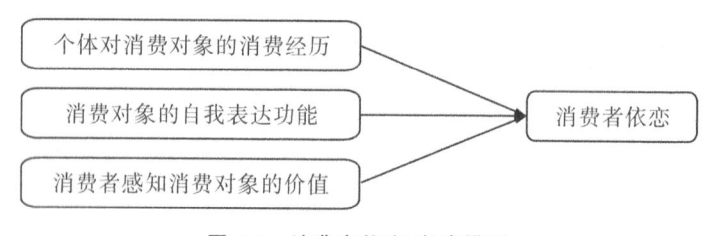

图2-9 消费者依恋-自我模型

资料来源:Schultz(1989)。

(2)消费者依恋模型

随着依恋理论的进一步发展,后来的研究发现消费者形成品牌依恋的对象越来越宽泛,当这种情况从个案发展为一种现象时,从不同的角度探寻消费者与其所偏好的对象之间的情感的形成机制也就成为学者们关注的焦点。Adlaigan 和 Buttle(2002)建立了消费者依恋模型，此模型将消费者对企业的依恋分为企业价值、功能价值、关系价值三个维度：消费者对企业价值的内化、认同，以及企业的道德水平等影响企业价值；消费者的期望回报、选择余地及个性化需求等影响功能价值；个体信赖、互惠互利影响关系价值。这三个方面综合起来影响消费者对企业的依恋程度，这三方面的正向影响越一致，依恋程度越强，对消费者行为的影响也就越明显。美中不足的是，该模型只是做了理论上的假设，没有得到实证的检验。该模型框架如图2-10所示。

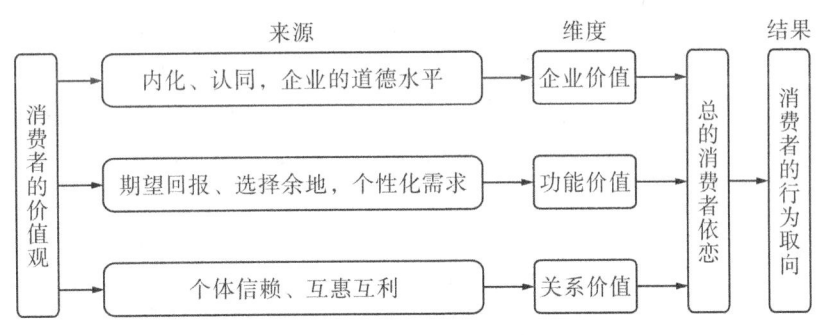

图 2-10 消费者依恋模型

资料来源：Adlaigan 和 Buttle(2002)。

(3) Thomson 的 A-R-C 模型

Thomson(2006)在心理学理论研究的基础上提出了依恋形成机制的 A-R-C 模型。该模型认为，消费者对消费对象的依恋程度取决于消费对象能否满足消费者自主(autonomy)、关联(relatedness)和发展能力(competence)的需求。Thomson 认为如果某物品(消费对象)能很好地满足消费者的这三种需求，消费者将会对其产生较强的依恋。他后来还通过实证研究验证自主、关联和发展能力三个方面是如何影响消费者对知名人士品牌的偏爱程度，认为自主和关联这两个方面的需求是否得到满足会对消费者对知名人士品牌的依恋产生显著的影响，而发展能力是否得到满足对消费者对知名人士的品牌依恋没有显著的影响。其模型如图 2-11 所示。

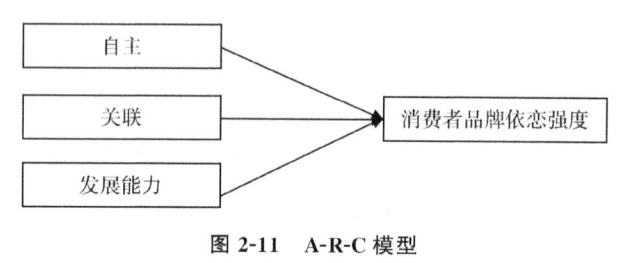

图 2-11　A-R-C 模型

资料来源：Thomson(2006)。

(4) Park 的品牌依恋形成模型

在已有理论的基础上，学者们对品牌依恋的形成过程做了进一步的探索。通过综合前人研究的成果，Park 等(2002；2006)从心理学和消费者行为学的视角，运用品牌个性理论、资源交换理论和自我概念理论等对品牌依恋形成的机制做了较为全面的解释。

Park 等人研究发现，消费者本人在消费商品或服务时，往往会倾向于消费在某一方面与自身有着潜在联系的产品或服务，这是因为消费者将所消费的对象视为自身的影子，会将所消费对象的个性与自身特征有意识地结合起来，使其成为个体自我概念的一部分。除了用心理学理论解释之外，Park 等人还运用品牌个性理论解释依恋现象。在品牌个性理论中，学者们将品牌拟人化，被拟人化后的品牌就具有了像人一样诸如个性、名称等很多属性。品牌个性作为一种资源价值，在一定程度上可以满足消费者的某种需求，帮助消费者实现其理想的目标。资源交换理论认为，当人们与某一特定对象之间的情感达到一定的亲密程度之后，人们可以与该特定对象实现资源互享，也就是说，当这种关系确立以后，人们可以理所当然地享用特定对象所拥有的一切资源。

Park 等人指出，有三种类型的资源对消费者品牌依恋的影响比较明显，这三种资源分别是享乐性资源、象征性资源和功能性资源。消费者通过自身的感官感知到品牌的享乐性资源，会呈现给消费者一种美妙的或愉悦的享受，从而达到消费者自我满足的需求；通过自身的联想感知到品牌的象征性资源,促使消费者将品牌的某种象征意义与自身结合起来,满足消费者实现理想自我的需求。Park 等人的品牌依恋形成机制如图 2-12 所示。

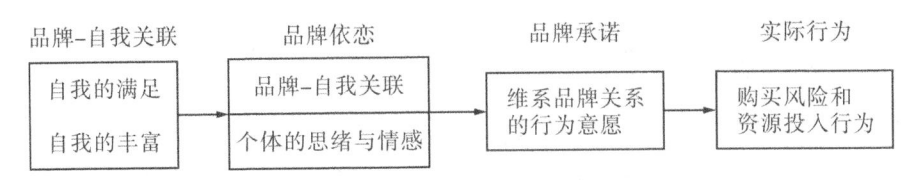

```
品牌-自我关联        品牌依恋          品牌承诺         实际行为
┌──────────┐     ┌──────────┐    ┌──────────┐   ┌──────────┐
│ 自我的满足 │ →  │品牌-自我关联│ → │维系品牌关系│ →│购买风险和 │
│ 自我的丰富 │    │个体的思绪与│   │ 的行为意愿 │  │资源投入行为│
│           │    │   情感    │   │           │   │           │
└──────────┘     └──────────┘    └──────────┘   └──────────┘
```

图 2-12　Park 等人的品牌依恋形成机制(1)

资料来源:Park 等(2006)。

在后续的研究中,Park 在该领域又有新的发现,首先他认为信任对于品牌资源和品牌依恋之间的关系具有调节作用;其次他认为品牌依恋是导致品牌忠诚的重要因素,所以将品牌忠诚作为品牌依恋的结果变量。这些发现使得学者们对品牌依恋的形成机理有了更明确的认知。新模型除了在品牌资源与品牌依恋之间增加了"信任"作为调节变量之外,还增加了品牌依恋的前因变量和结果变量,并将品牌依恋的价值提升到品牌战略的高度。新模型如图 2-13 所示。

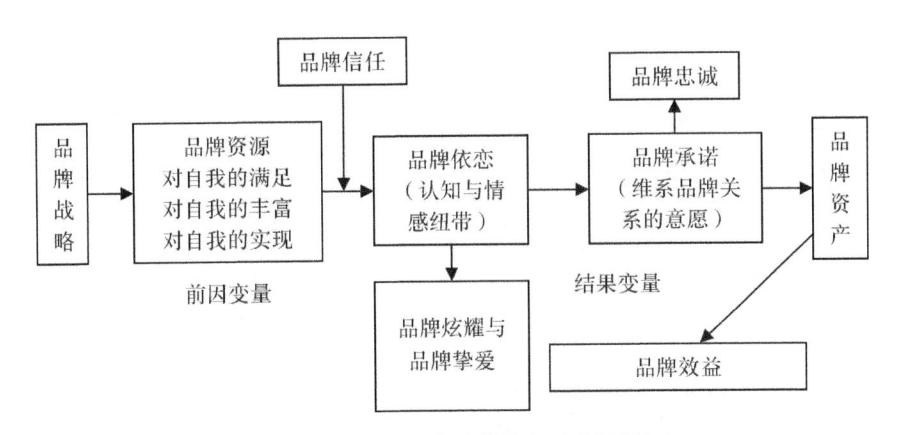

```
                       品牌信任                品牌忠诚
                          ↓                      ↑
┌────┐  ┌──────────┐  ┌──────────┐  ┌──────────┐  ┌────┐
│品牌│  │品牌资源   │  │品牌依恋   │  │品牌承诺   │  │品牌│
│战略│→│对自我的满足│→│(认知与   │→│(维系品牌  │→│资产│
│    │  │对自我的丰富│  │情感纽带) │  │关系的意愿)│  │    │
│    │  │对自我的实现│  │          │  │          │  │    │
└────┘  └──────────┘  └──────────┘  └──────────┘  └────┘
              前因变量          ↓      结果变量        ↑
                           ┌──────────┐              │
                           │品牌炫耀与│ → │品牌效益│
                           │品牌挚爱  │
                           └──────────┘
```

图 2-13　Park 等人的品牌依恋形成机制(2)

资料来源:Park 等(2007)。

2.4.7 品牌依恋对游客旅游目的地品牌忠诚度的影响

游客一旦从情感上对旅游目的地品牌产生依恋,那么这种情感会传递到游客对该旅游目的地品牌的行为中去。前人对于依恋所导致的行为模式进行了大量的研究,结果发现人与人之间的依恋大致有四种类型:(1)趋近行为,即婴儿会主动接近母亲(抚养者),并想长期保持与母亲的亲密关系。(2)安全基地行为,即婴儿把母亲(抚养者)视为安全基地,母亲(抚养者)的存在能提升婴儿的安全感和自信,依靠这种安全感尝试去探寻外部的环境。(3)避风港行为,即婴儿把母亲(抚养者)视为自己的避风港,感觉受到外部的威胁或环境异常时,会结束在该环境中的一切行为,返回避风港(母亲或抚养者的身边)。(4)分离悲伤,即当婴儿感觉到自己与母亲(抚养者)要分开时,会有悲伤的情绪。在后续的深入研究中,Thomson等(2005)通过实证分析发现,以上人与人之间依恋的四种类型对于人与品牌之间的品牌依恋同样适用。

在消费者行为领域,如果消费者愿意额外地付出自身更多资源刻意地去维持同品牌之间的关系,那么表明该消费者对该品牌已经有了较强的依恋。当消费者对品牌产生依恋时,就会将个人有限的资源向所依恋的品牌倾斜(Thomson,2006)。

在营销情景中,消费者个人资源首先是指消费者的自我形象资源,包括自豪和自尊。通常而言,当消费者对自身所偏好品牌达到高度依恋时,在使用其过程中会流露出引以为荣的感觉即自豪感;同时,消费者会以自己的自尊为代价对来自同行或其他消费者对该品牌产生的负面影响进行反驳,维护该品牌的正面形象。消费者个人资源还包括货币、时间和精力等消费者可自由支配的资源。通常而言,当消费者对自身所偏好品牌的情感达到高度依恋的程度时,消费者会愿意为获得该品牌而支付更高的价格,也就是说溢价购买的意愿远远高于其他消费者。时间资源的投入体现在消费者在该品牌缺货时会花时间等待,而不去转换其他品牌,或者是花更多的时间去收集该品牌的相关信息,以便及时获得该品牌。精力资源是指消费者会主动地加强同使用该品牌的其他消费者之间的联系,加入品牌社区,在品牌社区交流使用经验,并且为该品牌更好的发展建言献策,关注该品牌的成长。

总体而言,消费者(游客)对品牌(旅游目的地品牌)的依恋程度与其愿意维系同品牌之间的关系而付出的资源数量呈正比(Park et al.,2006)。当消费者(游客)对某一品牌(旅游目的地)产生强烈依恋时,会影响游客对该旅游目的地品牌的信任和承诺(Thomson,2006)。当消费者对品牌产生依恋时,消费者的品牌忠诚度会提高并产生溢价购买行为(Thomson et al.,2005)。对品牌的依恋程度不同,消费者行为也会不同。一般而言,当消费者(游客)对品牌产生强烈的依恋时,会诱发正向的品牌态度和重复购买(消费)行为(Park et al.,2006)。消费者一旦对某一特定品牌产生依恋,那么他的这种依恋情感会很快体现在其消费行为上。无论是在使用该品牌时的自豪,还是以自尊为代价抵制他人对该品牌的诽谤,以及愿意花更多的时间、货币和精力等自身有限的资源去获取、关注该品牌,都是消费者忠诚于该品牌的具体行为表现。所以,消费者的品牌依恋直接或间接地影响消费者的品牌忠诚度(薛海波、王新新,2009)。

2.5 旅游目的地品牌相关研究

2.5.1 旅游目的地

"旅游"(tour)是舶来词汇,最初来源于拉丁语"tornare",是指"以娱乐为主的旅行"。随着旅游业的发展,不同学者立足不同角度对"旅游"做了各自的诠释。蒙根·罗德(1927)通过研究指出,旅游是人们为了满足自身生活和文化的需要,暂时离开其固定住所,去异地进行经济、文化等商品消费的活动。旅游主要表现为人们短暂离开其平时居住和生活的地方,前往另外一个地方逗留的一切活动。人们前往的"异地"或"另外一个地方"其实就是旅游目的地。国外学者对于旅游目的地的关注是从 20 世纪 70 年代开始的,Gunn(1972)最早提出"目的地地带"的概念,其中包括吸引物、基础设施及社区等。Buhalis(2000)认为"旅游目的地首先是一个地理区域,是一个可以被用来营销的实体"。旅游目的地的外延非常广泛,它可以指某一个城市,比如三亚;可以指某个地区,比如西藏地区;也可以指地球上任何一个具有吸引力的地方。世界旅游组织将旅游目的地定义为有明确的行政范围、归属独立的管理主体、具备旅游吸引物和相关服务支持的物理空间。随着国内经济的发展及产业结构的调整,国内旅游也经历了"旧时王谢堂前燕,飞入寻常百姓家"的转变,国内学者也加快了对旅游目的地理论研究的步伐。保继刚和陈云梅(1996)认为,"旅游目的地是指一定空间上的旅游资源与旅游专用配套设施、旅游基础设施以及相关的其他条件进行的有机结合"。陈滢(2013)从网络消费行为研究旅游目的地品牌对于线上销售的影响。

2.5.2 旅游目的地品牌

品牌化(branding)这一概念来源于市场营销领域。最初对于品牌的研究主要集中在个人品牌和产品品牌领域,比如明星的品牌、知名产品的品牌等。后来学者发现,营销领域的品牌可以被移植到其他学科。Keller(1993)认为"地理位置或空间领域可以像产品和人一样,拥有属于自己的品牌"。在旅游学科,关于品牌化的研究最早是从旅游产品和旅游产业着手的。随着旅游的发展,旅游产品及旅游衍生品越来越丰富,旅游产业链也愈来愈长。在旅游产业链中,酒店、民航是最早进行品牌化运营的,而旅游目的地品牌化历程相对滞后。

20 世纪 90 年代,一批旅游目的地形象开始深入人心,诸如北京、西安以及纽约、巴黎等旅游目的地品牌被成功塑造,强大的品牌影响力反过来又助推了这些地区的旅游业,旅游目的地与其品牌之间形成良性互动,这也激发了学者们对旅游目的地品牌化研究的热情。

Blain(2005)认为,"旅游目的地品牌化是指旅游目的地通过自我准确定位而形成的品牌名称、品牌标识与竞争对手的差异化"。吴小天(2013)将旅游目的地品牌化分解为品牌承诺和品牌承诺兑现两部分,每个部分包含不同的环节。由于品牌化是营销活动在旅游目的地中的具体应用,所以旅游目的地品牌化与产品品牌化有许多异曲同工之处。Ritchie(1999)认为,"旅游目的地品牌化与产品品牌化类似,都可以减少游客的选择成本并降低感知风险"。随着旅游目的地之间竞争的日益加剧,当今品牌化已成为营销者促使目的地脱颖而出的重要手段。

通过文献查阅表明,现有旅游目的地品牌的相关研究主要是围绕品牌定位、品牌个性、品牌形象及品牌营销战略等方面展开的。

从消费者的角度而言,品牌定位非常关键,不同品牌都具备自己的特色,这种特色对于消费者的吸引力及其与同行竞争者的区别是目标消费者是否选取该品牌的重要指标。Lee 等(2007)指出,"准确的品牌定位是旅游目的地实施品牌化的前提"。有了明确的品牌定位,就可以围绕这个定位进行产品设计、渠道布置及产品推广,并且在市场运行的过程中,能与时俱进,同步适应消费者的需求变化,这样才能使品牌的活力持续下去。也就是说对于旅游目的地而言,准确定位之后不是一劳永逸的,要密切关注环境变化,适时通过新元素的添加使得品牌更具吸引力。独特的定位最能体现品牌独特的个性,这也是特定品牌在与同行竞争的过程中保持差异化的法宝。旅游目的地品牌个性是目的地的灵魂,在核心价值的基础上品牌个性越明显,其影响力也就越大。因为品牌具有个性,能够体现品牌使用者的品位,以及使用该品牌的人群特征,还能强化产品的效用、满意度和质量。

现实生活中,消费者对品牌的青睐,除了品牌本身的价值之外,更多的是品牌可以映射品牌使用者的情感、个性和身份。有个性的品牌具有价值,消费者会对有价值的东西产生依恋,旅游目的地品牌也不例外。一般来说,品牌形象是品牌建设的重要组成部分,有个性的品牌其品牌形象会让人过目难忘。目的地品牌形象就是游客对目的地的画像,在现实生活中,游客之所以选择目的地 A 而没有选择目的地 B,是因为目的地 A 的品牌形象在游客心目中超越了目的地 B 的品牌形象，这种品牌形象感知可能来源于广告，也可能来源于口碑。这是因为，游客在旅行之前对他们体验的想象是目的地形象的一部分。定位准确、个性鲜明及具有正面形象的品牌是进行营销的基础。目的地营销主要是通过建立一个独一无二的目的地来打造其知名度、美誉度和联想度，增强消费者对于该旅游目的地的品牌忠诚度。具体的营销模式包括节事营销、联合营销、体验营销及口碑传播等。随着移动互联网的发展，新型的营销渠道应运而生，微信、微博、App 等在线营销成为主流，这也符合主流游客的媒体接触习惯。

2.5.3 旅游目的地的整合营销传播

"整合营销传播"没有统一的且被众多学者认可的概念，不同学者从各种角度研究其定义、原理以及应用。虽然其概念存在分歧，但是该领域内有一些权威学者的经典定义还是得到了众多专家学者的认可，概括起来主要有如下定义。

(1) 1989 年全美广告协会对整合营销传播的定义

在 1989 年，全美广告协会（American Association of Advertising Agencies）首次提出了一个具有深远影响的概念：整合营销传播。这是一个涵盖了营销传播计划的概念，旨在通过一个完整的、协调一致的营销传播计划，来实现企业的增值。这个定义强调了整合营销传播的核心，即通过评估和使用各种广告、直邮、个人推销和公共关系等传播手段，进行战略规划和执行，以实现清晰、一致且最大的沟通效果。该定义强调了在营销过程中要整合与应用多种营销渠道，传播"一个声音、一种形象"，重视整合营销结果的评估。虽然全美广告协会对整合营销传播的定义强调了营销传播计划的完整性及相互关联性，但是该定义考虑得仍然不是很全面，忽略了消费者在营销传播过程中的重要性，缺乏对营销效果的计量指标。

(2)1991年舒尔茨对整合营销传播的定义

1991年,舒尔茨教授对整合营销传播作了如下定义:整合营销是在营销传播中管理所有产品和服务的信息资源,使顾客或潜在顾客地位显现、维持顾客忠诚度的过程。这一定义主要包括三个关键要素:第一,注重消费者的导向作用;第二,重视渠道整合的重要性;第三,整合企业营销信息传播是一个与消费者进行长期接触的进程。舒尔茨所作的定义在一定程度上是对全美广告协会定义的补充,该定义强调了消费者在整合营销传播中的重要地位以及企业在制定决策时要以消费者为导向,同时也强调整合营销过程中要利用多种渠道对信息进行整合,但是缺少对整合营销在实施过程中的战略性思考和对营销效果的测量。

(3)1994年菲尔普斯和诺瓦克对整合营销传播的定义

1994年,菲尔普斯和诺瓦克没有直接定义整合营销传播,但他们提出了整合营销传播需注意的三个:"一种声音"的营销传播、"整合"的营销传播和"协同作战"的营销传播。即在信息传播过程中,企业要避免传播内容前后不一致的现象;要整合利用各种营销渠道,并使用各种营销手段,使消费者可以充分接触到各种信息,使各种信息资源在消费者群体发挥重要作用。但是作者对此定义的研究不够深入,只是简略地停留在理论这个层面。

(4)1996年汤姆·邓肯和凯伍德对整合营销传播的定义

1996年,汤姆·邓肯和凯伍德对整合营销传播作了定义:整合营销传播指企业或品牌通过发展与协调战略传播活动,使自己借助各种媒介或其他接触方式与员工、顾客、投资者、普通公众等相关利益人建立建设性的关系,从而建立和加强他们之间的互利关系的过程。该定义强调企业在整合营销过程中要注重收集信息和渠道的整合,同时又强调整合营销是一个长久的传播过程。此外,整合营销传播的过程中,企业不仅要与客户和其他股东建立良好的关系,而且要充分发挥各类信息的作用,从而对各种关系形成有效的控制和影响。

(5)1998年舒尔茨对整合营销传播的定义

舒尔茨教授在1998年再次定义整合营销传播的概念:"整合营销传播是一个业务战略过程,它是指制定、优化、执行并评价协调的、可测量的、有说服力的品牌传播计划,这些活动的受众包括消费者、顾客、潜在顾客、内部和外部受众及其他目标。"与之前的各种定义相比,该定义表述得比较完整,对整合营销的概念做了更全面的补充,整合营销传播理论模式更加完善:第一,该定义从宏观经济层面把整合营销视作一个发展战略管理过程;第二,该定义把整合营销作用对象由之前的仅限于消费者扩展了范围,对象还涵盖了其他相关者;第三,该定义认为这个战略过程是可以协调、测量和评估的。

上述学者的定义虽然不尽相同,但从他们的定义中可以归纳出整合营销传播的四个要素,分别是:第一,以受众为导向;第二,要整合运用多种营销渠道;第三,要传播"一种声音";第四,传播效果要可测量、可评估。

(6)其他学者的定义

申光龙等(2004)在以往学者研究的基础上,把整合营销传播定义为一种新的管理范式,企业可以通过运用多种文化传播研究工具来协调和整合各种促销活动信息,并通过适当的媒体将适当的信息传递给顾客。吴友富(2008)指出,整合营销是指企业理解顾客和其他股权人的需求,并通过指导企业的生产与销售流程实现消费者需求并且从整体上思考营销和决策的过程。该定义的侧重点是通过满足消费者以及其他股东的需求从而制订相应的营销计划以及策略。

2.5.4 营销组合理论的演进

(1)"4P"营销理论

20世纪60年代,Jerome McCarthy将营销组合要素概括为"4P",即产品(product)、价格(prise)、渠道(place)和促销(promotion)四个要素,这四个要素是企业实现成功营销的关键。为了实现一次完整的、成功的营销活动,企业必须具备恰当的产品、恰当的价格、恰当的渠道以及恰当的促销活动和手段。只有当企业在这四个方面都具备了恰当的特征,并且它们之间协调一致,才能实现营销活动的成功。通过这种运作,才能让顾客在整个消费过程中获得理想的产品和服务。站在企业以及营销者的角度来看,"4P"理论以产品作为整个营销活动的中心,为企业应对日益复杂的营销环境提供了一种非常有效的途径。"4P"营销组合理论从企业自身出发,分析影响市场营销内外的因素。内在因素包括一些企业自身可以控制的因素,如产品的价格、渠道、促销活动方式等,外在因素主要是指不被企业控制的外部环境因素,例如政治、经济、社会、文化等因素。企业在进行市场营销活动时,面对外部环境的多变性以及不确定性,可以迅速整合内部资源,以便在竞争环境中获得优势。

(2)"4C"营销理论

随着消费者需求的变化,企业仅仅注重产品的重要性已逐渐满足不了消费者需要,消费者需要多样化和定制化的商品或服务,以往的"4P"营销理论已经逐步无法顺应营销实践的发展。于是,1990年,劳特朗在传统的"4P"营销理论基础上提出了"4C"营销理论。"4C"营销理论包括顾客(customer)、成本(cost)、便利(convenience)、传播(communication),营销组合当中第一次出现了"传播"。与传统的"4P"营销理论比较来说,"4C"营销理论把消费者需求作为企业生产产品、制定各种战略或计划的出发点和落脚点,强调了消费者需求的重要导向作用。总体来说,"4C"营销理论强调了企业的首要目标是追求顾客满意,产品和服务既要满足客户的需求,又要降低成本,还要注重客户购买的便利性,最终以客户为中心实施营销实践。

(3)"4R"营销理论

随着时代的不断发展,"4C"营销理论也开始逐渐显现出了它的局限性:当客户的需求与企业利益甚至社会原则发生冲突时,以顾客为中心的战略将无法适应。2001年,唐·舒尔茨在"4C"营销理论的基础上提出了新的营销整合理论,即"4R"营销理论,进一步强调了消费者在营销传播中的核心作用。"4R"营销理论的四要素分别是关联(relevancy)、反应(reaction)、关系(relationship)、回报(reward),它以关系网络营销为出发点和落脚点,强调企业在关注自身生产的同时,也要注重培养和维护企业与顾客的关系。该理论的核心是要构建企业和客户之间的联系,企业与顾客之间长期的互动关系是企业独特的竞争优势。因为在长期互动中不仅能满足客户对商品或服务的需要,而且我们可以通过提高顾客对企业的忠诚度,从而促进企业收入的增加、规模的扩大以及知名度的提高。

(4)"4I"营销理论

进入21世纪以来,在互联网飞速成长的大背景下,舒尔茨进一步创新了营销理论,提出了适应时代背景的"4I"营销理论。"4I"营销理论的核心内容包括四个基本原则:趣味原则(interesting)、利益原则(interests)、互动原则(interaction)、个性原则(individuality)。"4I"营销理论根植于传统整合营销理论,但是它同时融合了互联网的背景,更重视发挥和整合各类营销方式、营销渠道,从而实现企业的营销目标。

2.5.5 国内外整合营销传播理论

(1)国内外整合营销传播文献述评

20世纪80年代,随着信息技术的发展、跨国经营与全球化的发展以及企业越来越重视品牌化,传统的单一营销传播方式已经无法满足企业的需要,整合营销传播理论应运而生。全美广告协会首先提出了整合营销传播的概念,引发了国内外学者广泛的关注和探讨,他们纷纷开始对整合营销传播进行研究。整合营销传播以消费者为导向,颠覆了传统营销理念,因为在此前"4P"理论盛行的年代,企业往往忽视了消费者在产业生产环节以及营销等环节的重要作用。

众多研究营销、传播、经济学、社会学等各领域的学者开始转向研究整合营销传播理论,出现了诸如唐·舒尔茨、汤姆·邓肯、劳特朋、特伦斯·辛普等一批整合营销传播研究专家。整合营销传播发展理论的开拓者和奠基者是有"整合营销管理理论之父"的唐·舒尔茨教授,他的专著《整合营销传播》奠定了整合营销理论研究的基础。自整合营销传播在美国盛行以来,国外众多学者发表了几十部学术专著以及数百篇论文,这些研究主要涉及整合营销传播理论和整合传播营销实践两方面。

1995年,中山大学卢泰宏教授等人首次把整合营销传播理论引入我国。卢泰宏教授一直致力于国外先进营销理论的研究,先后在《国际广告》杂志上发表了7篇关于整合营销传播的论文,揭开了我国整合营销传播理论研究的序幕。自此以后,我国的学者开始涉足整合营销传播领域,发表了多篇论文。截至2020年,以整合营销传播为主题的论文有2100多篇,博士、硕士论文有539篇,整合营销传播在理论和实践方面都取得了很大的成就。综合已发表的专著和论文可以发现,我国的营销传播理论研究主要涉及三个方面:一是整合营销传播的理论研究,例如钟育赣(2006)发表的《"整合营销":概念辨析》、申光龙等人

(2006)发表的《整合营销传播战略评估指标体系研究》;二是整合营销传播的应用实践,比如何佳讯、丁玎(2003)发表的《整合营销沟通的实践:基于三国调查的发现》;三是营销传播的未来发展趋势探析,例如杜国清、陈怡(2012)发表的《整合营销传播在当今市场环境下的特征与趋势》。

整合营销传播是在营销学、传播学、经济学、广告学、社会学等多学科交叉基础形成的,具有深厚的理论根基。自1989年全美广告协会对整合营销传播下定义以来,学者们从整合营销传播的理论体系到整合营销传播的实践利用再到整合营销传播的发展趋势等多方面进行了研究,取得了长足的发展。随着互联网时代的发展以及传播渠道的多元化,一些学者尤其是营销传播界的领军人物唐·舒尔茨教授一直在不断完善和发展整合营销理论。1993年,他与海蒂·舒尔茨合著的《整合营销传播》开创了营销传播理论,在营销传播领域具有里程碑式的意义。2000年,随着世界经济的发展趋势和中国市场环境的不同变化,唐·舒尔茨重新定义了整合营销传播,认为所有的部门都是整合的,企业发展不能像过去那样单纯地只对产品进行推广,还要考虑营销、沟通和业务步骤。2005年,中国经济开始转型,传统媒体依然坚挺,但新媒体异军突起,唐·舒尔茨开始研究中国市场。针对交互网络时代传播环境的变化,唐·舒尔茨在2013年提出了"SIVA"理论,包含解决方案、信息、价值和途径四个层面。他认为信息技术已经彻底改变了整个市场,对于消费者何时、何地、从哪里购买商品,营销者必须及时做出反应,帮助消费者实现他们的目标。这有助于建立一种新的、消费者为主导的、交互性的市场营销管理体系。

但是,整合营销传播理论在发展中也存在着一些争议。首先,整合营销传播的概念一直没有被统一。自全美广告协会提出整合营销传播以来,学者们对整合营销的定义大致可以概括为"一种声音,一种形象",但也有部分学者不认可"一种声音"的定义。其次,整合营销传播最初是作为协调和整合"外部"沟通的工具,但很快就成为整合公司与客户互动和"内部"沟通的工具,其目标始终如一:与客户建立有意义且持续的关系。然而,它的核心已经从单一的外部沟通转变为建立组织与其客户之间的双向互动渠道。整合营销传播已经从一种纯粹的传播工具逐渐发展成为一种成熟的商业策略。

(2)整合营销理论的实施

舒尔茨认为,在整合营销理论的实际应用当中,整合营销实质上是建立以沟通对象为主体的过程。建立这种关系主要是通过发挥"人"在其中的作用,在营销传播的每一个环节上都注重消费者参与其中的重要性,具体表现在研发、制造、销售等各个环节以及产品设计、包装、销售渠道等方面。企业在各个环节都要注重与消费者之间的沟通,不仅要让消费者了解产品的价值以及消费者需要什么,更要让消费者知道产品是为什么人而设计的。整合营销传播所强调的主要就是通过在各个环节上积极与消费者互动,从而建立起双向沟通的传播模式。

卫军英(2005)提出,整合营销沟通模式的核心在于传播过程的起点和终点。企业不仅需要向消费者传递单向信息,更需要主动与消费者进行互动,形成一种互动式的信息流。黄劲松(2016)进一步指出,企业应制定与营销战略相匹配的整合营销传播方案。随着各类新兴媒体的涌现,消费者每天接收到的广告信息越来越多。各种各样的广告充斥在消费者的日常生活中,这使得消费者对广告产生了厌恶的情绪。鉴于这种大环境的变化,黄劲松(2016)认为,为了实现有效的整合传播,必须实施有效的触点管理。他提出,通过分析目标消费群体的活动轨迹,可以有效地进行触点管理,从而在大量的信息中快速识别并传递有效的信息。这种管理方式有助于提高传播的效果和效率,使信息更加精准地传播给目标受众。Kotler等(2017)把整合营销的流程分为六个步骤,对整合营销传播的过程作了系统而又完整的描述:第一,确定目标顾客;第二,确定传播信息;第三,设计信息;第四,选择传播媒介;第五,确定信息来源;第六,收集反馈信息。

(3) 国内外整合营销传播理论的应用

20世纪80年代以后,随着市场营销学的发展以及学科的成熟,市场营销学逐渐和其他学科知识进行跨学科交流,整合营销传播理论应运而生,并已广泛在企业内部使用。国外一些知名公司如谷歌、三星、宝洁、可口可乐等都积极把整合营销传播理论运用到企业的运营实践中。如宝洁公司创立了一个特殊的网站,这是一个专门针对女性消费者的线上社区,主要为女性提供交流瘦身、育儿、美容护肤等话题的场所。通过这一平台,宝洁公司不仅可以进行品牌营销和宣传活动,还能够积极主动地收集并整合来自顾客的反馈和意见。这些大量的原始数据为宝洁公司深入分析消费者行为、洞察消费者需求提供了宝贵的资源,同时也为该公司制定营销策略、改进产品和服务奠定了坚实的基础。

整合营销传播在我国也被广泛应用于实践。以中国移动为例,中国移动动感地带在2003年请到了当时的人气偶像周杰伦当代言人,短时间内就提高了品牌知名度。后来,中国移动又和麦当劳跨界合作,开展了"动感套餐""我的地盘,我就喜欢"等一系列联合营销活动,俘获了一大批忠实的年轻人,也使品牌获得了更高的曝光度。如今虽然整合营销传播在我国市场营销管理领域得到了广泛应用,但是其应用领域相对来说还是不够广泛。整合营销传播实践在我国还存在诸多问题:第一,企业对整合营销传播的认知大多数停留在理论层面,不重视从客户角度(投资回报率)来评价营销传播的效果;第二,缺乏对数据库系统的挖掘和开发,企业的客户数据积累比较薄弱;第三,市场环境不够成熟,各类传播媒介的融合程度不够深,消费者与品牌之间的互动关系也尚未成熟;第四,企业组织架构也限制了整合营销传播的发展,因为整合营销传播更适用于扁平化的组织机构,而我国多数企业以垂直管理为主,营销部门在整个企业中并非强势部门。

2.5.6 旅游目的地营销研究述评

(1)旅游目的地概念

旅游目的地这一概念最初是由美国学者 Gunn(1998)提出的,他认为旅游目的地由四个部分组成:旅游吸引物、服务社区、中转通道和区内通道。英国学者 Buhalis(2000)则将旅游目的地描述为"一个特定的地理区域,游客被视为一个完整的个体,由该区域的管理机构统一进行旅游政策制定、司法框架的构建以及管理和规划"。而保继刚和朱竑(1999)的定义则是:旅游目的地是由旅游资源,包括旅游基础设施、专用设施及其他相关条件共同结合所构成的目的地。综合这些学者的定义,我们可以进一步理解旅游目的地的内涵。它不仅包括特定的地域和相关设施,如旅游吸引物、服务社区、中转通道和区内通道等,还涵盖了景区的管理制度和框架。这些元素共同构成了旅游目的地的完整概念,为游客提供了一个完整的旅游体验。因此,我们可以总结出旅游目的地的定义:旅游目的地是一个特定的地理区域,拥有丰富的旅游资源,包括旅游吸引物、服务社区、中转通道和区内通道等;同时,该区域还具备完善的管理制度和框架,为游客提供优质的旅游服务和体验。

Buhalis 于 2000 年提出了旅游目的地构成要素的 6A 模型,包括旅游吸引物、交通、设施和服务、包价服务、活动和辅助性活动,具体如表 2-7 所示。张东亮(2006)认为旅游目的地一般包括四个重要要素:旅游吸引物、旅游服务设施、旅游基础设施和旅游管理机构。而学者邹统钎(2012)则认为旅游目的地包含两个关键要素:一是旅游吸引物,二是人类聚落。总结不同学者的观点,无论是两因素论、四因素论还是六因素论,必不可少的一个重要因素就是旅游吸引物(见表 2-8)。实际上,这很容易理解:一个旅游景点必须具备能够吸引游客的亮点,才能在众多旅游景点中脱颖而出,成为旅客们理想的旅游目的地。综合来看,旅游目的地的构成要素包括多个方面,这些要素共同构成了一个完整的旅游目的地,为游客提供丰富的旅游体验。

表 2-7 Buhalis 旅游目的地 6A 构成要素

构成要素	具体内容
旅游吸引物	自然风景、人造景观、人工物品、主题公园、遗产、特殊事件等
交通	整个旅游交通系统,包括道路、终端设施和交通工具等
设施和服务	住宿业和餐饮业设施,零售业及其他游客服务设施
包价服务	预先由旅游中间商和相关负责人安排好的旅游服务
活动	包括所有的目的地活动,以及游客在游览期间所进行的各种消费活动
辅助性活动	各种游客服务,例如银行、通信设施、邮政、报纸、医院等

表 2-8 不同因素论代表性学者及内容

学者(时间)	因素论	内容
Buhalis(2000)	六因素论	旅游吸引物、交通、设施和服务、包价服务、活动、辅助性活动
张东亮(2006)	四因素论	旅游吸引物、旅游服务设施、旅游基础设施、旅游管理机构
邹统钎(2012)	两因素论	旅游吸引物、人类聚落

(2)旅游目的地营销概念

Richards(2000)认为,旅游目的地营销是将目的地视为一个有机整体的营销,其目的是满足目的地利益群体的需要。Buhalis(2000)则更加强调进行单一目的地营销和旅游供应商的整体营销之间的差异。他认为,游客在旅游目的地进行消费主要是通过综合性的旅游企业产品得到满足的,而单个旅游供应商提供的产品和服务则比较单一。因此,旅游目的地营销与单一的旅游企业营销之间存在很大的差异。这意味着,旅游目的地的营销策略需要考虑到不同旅游企业之间的协调和整合,以提供更加综合性的旅游产品和服务。综合来看,旅游目的地的营销策略需要考虑到多个方面,包括目的地整体和旅游供应商之间的协调和整合。一个成功的旅游目的地营销策略必须具备针对性、整体性和协调性等特点,才能吸引更多的游客前来游览。同时,不同学者对于旅游目的地营销的定义也有不同的观点,但无论如何都离不开满足游客需求这一核心目标。因此,在制定旅游目的地营销策略时,必须充分考虑游客的需求和喜好,以提供更加优质、个性化的旅游产品和服务。

(3)旅游目的地营销研究文献述评

随着全球经济的不断发展和人们生活水平的不断提高,旅游业迅速崛起,成为全球重要的产业之一,随之而来的是旅游目的地与营销的结合越来越紧密。国外的旅游目的地营销从 20 世纪 70 年代初期开始发展,到 90 年代才逐渐成熟。而我国的旅游目的地整合营销则起步较晚,是从 20 世纪 80 年代末开始的,到了 2008 年左右,随着我国经济的不断发展与人们对于美好生活的向往,旅游业在经济迅速上升的背景下成了一片蓝海。在这个时候,旅游行业和营销行业逐渐有了实质性的结合。

在研究方法方面,国外学者广泛运用了因子分析、结构方程模型、聚类分析等定量数据分析法。这些先进的研究工具为旅游目的地营销策略的研究提供了强大的支持,极大地推动了该领域的发展进程。这些定量数据分析法能够帮助学者们更加深入地揭示旅游目的地营销的内在规律,从而为制定更有效的营销策略提供有力依据。在研究内容方面,旅游目的地营销的相关研究也呈现出越来越广泛和深入的趋势。从最初的目的地形象研究,逐渐扩展到游客的体验度、目的地品牌塑造等多个层面,涵盖了旅游目的地营销的各个方面。同时,中国旅游目的地营销的研究方向和课题主要来源于营销实践的需求。例如,影视营销、目的地营销体系、旅游社交账号营销等课题成为研究的热点。然而,从现有的文献来看,除了对传统旅游目的地形象进行系统研究之外,针对旅游品牌、营销模式和营销策略的研究相对较少。未来,学者们可以进一步加强这些领域的研究,探索旅游新兴趋势,为旅游目的地营销策略的制定提供更多有价值的参考。同时,通过借鉴国外先进的研究方法和技术,结合中国的实际情况,深入研究旅游目的地营销的相关问题,为推动中国旅游业的发展提供有力支持。

2.5.7 旅游目的地整合营销

(1)旅游目的地整合营销的特点

旅游目的地整合营销有五个特点:第一,涉及面广,包括传播者和受众;第二,以旅游者为导向;第三,注重文化旅游目的地所处的营销工作环境;第四,所传达的营销信息必须是一致的、连贯的,即传递"一种声音";第五,要注重对营销信息传播效果的测量。

(2)旅游目的地整合营销文献述评

随着新的旅游目的地的不断出现,一方面,旅游目的地之间的竞争在加剧,另一方面,当前的旅游目的地营销侧重点开始由过去的"生产产品、提供服务"向"使顾客满意"过渡,旅游目的地营销需要适应不断变化的环境,从传统单一的营销不断向整合营销方向发展。

郭鲁芳(2006)强调,为了成功实施旅游目的地营销,必须关注三个核心因素。首先,必须树立一个精确且全面的整合企业营销网络传播观念。其次,应以消费者感知为导向,关注游客的需求和期望。最后,应充分利用现代化管理信息科学技术,将科技力量融入营销实践,提高传播的效率和准确性。朱孔山(2007)认为,旅游目的地整合营销着重于以游客需求为中心,重新组织目的地的企业行为和市场行为,综合并协调地使用各种传播形式。这种策略的核心是实现与游客的双向沟通,以统一的目标和统一的形象传递一致的产品信息,以此,更有效地推广旅游目的地的形象和产品。任春(2008)提出了一种创新的模型,以旅游目的地营销管理组织为主导,以建立中国旅游市场营销数据库为起点,通过五个步骤实现目的地整合企业营销网络传播:第一步是建立旅游营销数据库,为后续的精准营销奠定基础;第二步是选择目标市场，明确营销策略的方向和重点；第三步是进行需求利益分析，深入了解游客的需求和期望；第四步是基于"4C"的整合营销传播，确保与游客的沟通和互动更为有效；第五步是传播效果的测量和评价，通过数据分析和反馈来优化营销策略。

杨昆等（2017）针对西藏旅游业存在的营销主体单一、形象定位重叠、目的地信息传播有待提升等问题提出如下思路：整合营销背景下西藏旅游目的地，必须建立政府主导的西藏旅游目的地营销联盟；整合目的地营销层级，确定形象定位；以市场为导向优化目的地信息宣传；拓展和推广目的地信息传播工具。

(3) 旅游目的地整合营销存在的不足与建议

旅游目的地整合营销的研究还存在对目的地品牌建设、营销策略等内容研究不足等问题；在研究方法上主要采用定性分析，定量分析研究者则少之又少。以往针对整合营销形成过程和作用机制的研究也比较少，因此在今后的研究中，学者们可以从以下几个方面深入研究旅游目的地整合营销：第一，多关注目的地整合营销的形成过程和作用机制；第二，加强对旅游目的地整合营销的定位和品牌建设等方面的研究；第三，加强对旅游目的地整合营销结果的评估，并且加大目的地营销的实证研究，充分发挥各类研究方法的优势。

2.5.8 西藏地区旅游目的地品牌研究现状

通过在CNKI中对"西藏旅游目的地"关键词的搜索，在2012年以前没有相关的文章，从2012年至2015年共搜到5篇相关文章。其中其米次仁等（2012）立足位置服务（location based service，LBS）研究西藏旅游社会化网络在西藏旅游目的地营销中的作用；杨昆等（2013）从网络游记的视角对西藏旅游目的地形象进行了探析；田祥利（2016）通过研究援藏旅游对西藏旅游目的地发展的影响，指出援藏旅游提高了西藏旅游目的地的综合供给能力。通过在CNKI中对"西藏旅游品牌"关键词的搜索,只有在2006年后有3篇文章涉及西藏旅游品牌,其中索生安等(2006)于青藏铁路通车后在《西藏日报》上发了一篇文章,主要从宏观层面论述了青藏铁路通车后对西藏旅游产业布局的推动作用;刘阳(2009)在分析云南腾冲成功建立旅游品牌的基础上,结合西藏旅游发展的现状,提出打造西藏旅游品牌的策略;易婷婷(2013)在回顾了关于旅游目的地形象的相关研究之后,采用游客在携程旅行网上发表的关于西藏的游记作为研究资料,运用内容分析法,对80篇游记样本进行了深入的质性分析,旨在探讨国内旅游者对西藏旅游目的地形象的感知情况。

以上研究成果对本书的研究有很好的参考价值。需要指出的是,目前对于西藏旅游目的地品牌的研究从体量上而言显得太少,这与西藏独特的旅游资源极不匹配,而且相关研究只是借助产品品牌理论从表面对西藏旅游品牌进行了一些质性研究,并没有从旅游产品本身的视角分析旅游目的地品牌的特殊性,也没有从游客体验的角度探析、构建西藏旅游目的地品牌评价指标体系,游客感知是游客对目的地评价的重要基础,也是游客进行口碑宣传的重要凭证,是旅游目的地品牌建设中的重中之重。况且,作为具有"世界第三极"美誉的西藏,其旅游资源具备很好的体验和感知基础。所以,本书的研究从游客感知角度构建西藏旅游目的地品牌指标体系,具有一定的理论意义和实际意义。

2.5.9 国内外旅游目的地概念相关研究

20世纪70年代国外已经有学者开始研究旅游目的地,但是更多是从地理、区域等角度进行分类和研究。美国学者Gunn(1972)认为,目的地包含旅游吸引物、人口、道路、区域环境等要素,通过整合要素有利于旅游规划与开发。英国的Holloway(2004)认为,旅游目的地是特定的地理空间,城镇、区域、国家都可以成为旅游目的地。美国杜克大学Keller(1993)指出,旅游目的地是一个区域、地理位置或者地理空间,可以像产品和人一样成为品牌。英国 Buhalis(2000)认为,旅游目的地是可以被规划、开发与管理的特定地理区域,以满足旅游消费者体验与感知。

2004年世界旅游组织将旅游目的地定义为物理空间,具有明确界限的行政、地理区域,同时可以提供旅游产品和旅游服务,通过开展形象塑造、管理等活动增强竞争力,提升旅游者满意度。世界旅游组织对于旅游目的地定义的概括相对而言比较全面,既包括了旅游目的地利益相关者的概念,又体现出目的地可以被管理和开发。Yastrow(2003)认为旅游目的地的品牌塑造应该注重旅游者的体验和感知,不应仅仅以管理、开发、企业视角去定位和塑造,不同旅游者的感受和体验是独特的、不尽相同的。Duna 和 Blaine 认为旅游目的地这一概念本身就包含了不同利益群体的整体印象感知,不同主体所处的角度不同,他们眼中对于目的地的印象也会有很大的不同。

国内学者对旅游目的地的研究相较于国外较晚,初期专家从地理、空间、区域等视角研究旅游目的地,更多强调地理层面的空间关系。例如,杨振之(2005)认为旅游地是一种地理空间集合概念,从旅游产业布局的视角来解释旅游目的地这一概念及其内涵。他着重研究旅游目的地环境、人口、旅游吸引物等显性的要素而忽略了旅游目的地承载的文化资源。保继刚和陈云梅(1996)认为旅游目的地是具有旅游资源的地理空间,是可以进行基础设施建设、旅游开发与管理、旅游者活动的地方。崔凤军(2002)认为旅游目的是一个开放系统,是将旅游目的地吸引物进行统一协助形象塑造的过程。旅游目的地可从两个层面定义和理解:一是旅游者与旅游目的地之间的关系;二是旅游者对旅游目的地提供产品、服务和价值的感受。

随着旅游业理论的进一步探索研究和行业的发展,大家对旅游目的地的研究内容更加丰富,对某个区域的文化、旅游产品、旅游服务等的研究逐渐成为研究旅游目的地的关注点,但是却没有从宏观上将旅游目的地内涵明确指出来。世界旅游组织指出,旅游目的地不仅包含物理的空间、地域位置,还包含满意度、管理与服务、竞争等要素。这一定义为旅游目的地品牌理论的相关研究和实践奠定了基础。

2.5.10 国内外旅游目的地品牌研究现状

(1)国外研究进展

美国市场营销领域的权威专家 Philip Kotler 在 1997 年明确指出，品牌并非只是一个简单的标识，而是商品的名称、专业术语、特定标记、独特符号以及图案设计等多重元素的有机融合。它主要用于标识某一特定销售者或某一销售者群体的产品或服务，使其在市场竞争中与其他对手的产品和服务形成显著差异。从商品或服务的供应者视角来看，品牌体现了各种商品或服务及其提供者之间客观或主观上的差异性，从而使得他们所提供的产品和服务能在激烈的市场竞争中脱颖而出，与消费者建立起更为稳固且深厚的关联。品牌的价值源自顾客的认可和肯定。从消费者或用户的视角来看，品牌可以被视为一种"信息的符号"，它承载着关于企业或组织的多维度信息和印象。消费者通过品牌来获取企业或组织的相关信息，并形成一种认知和印象。这种认知和印象在很大程度上指导着他们的消费决策和购买行为。

国外学者主要从旅游目的地层次来界定旅游目的地品牌的概念。由于对目的地品牌概念的研究尚处于初级阶段，研究者要么直接借用品牌的概念，要么从各自领域出发对目的地品牌概念进行界定，缺乏统一性。Nickerson 和 Moisey(1999)提出，旅游目的地品牌是旅游者对于目的地的认知和形象，是旅游者与目的地之间建立的一种特殊关系。基于前人对品牌的深入理解，Blain 等(2005)则认为，旅游目的地品牌并非简单的营销活动，而是一系列精心设计的活动，旨在实现四个核心目标：①支持创建具有识别度和区分度的目的地名称、标志、符号、文字或图形标志；②持续传递独特且难忘的旅游体验；③加强和巩固旅游者与旅游地之间的情感联系；④降低消费者的搜索成本和感知风险。国内外虽然对品牌的研究较多，并且时间较早，但是对旅游目的地品牌化的相关研究较少。

①从旅游者认知体验视角

Kavaratzis(2004)认为,旅游目的地品牌是旅游者对于产品、服务以及地区的感知和情感意识要素的组合。而Dunae和Blaine(2004)则指出,旅游目的地品牌是对旅游目的地形象、标志的总体反映,品牌与目的地形象之间的紧密联系,由于旅游者和相关利益主体的利益追求不同,可能会导致对旅游目的地印象的不同。旅游者局限于个人经历、利益角度不同,导致对旅游目的地的认知不同,同时认为旅游目的地品牌是"游客和利益相关者对旅游目的地印象的积累和认知的总和"。

旅游目的地品牌不是一个图案、口号、广告语的主题,而是旅游者对旅游目的地传递的形象定位、文化内涵、旅游产品和服务的体验。Brent和Brant(1998)沿用美国市场营销协会对品牌的定义并加以扩展,认为目的地品牌通过名称、符号、标识等区分不同区域,并且带给游客独特的体验,同时加深游客对旅游目的地的印象。

②从旅游目的地品牌构成要素视角

Morrison和Anderson(2002)提出旅游目的地品牌化是一个竞争过程,通过凸显品牌特色、提升品牌竞争性从而区别于其他目的地品牌。Blain等(2005)认为旅游目的地品牌化本质是市场营销过程,通过定位、形象、标志的差异化,传播品牌价值和内涵,提升旅游者体验,以实现旅游者对旅游目的地品牌的信赖和情感联系。此概念融合品牌管理、品牌资产等概念,指出了旅游目的地品牌化过程中的核心,是比较全面的定义。Keller(2000)指出空间、地理区域、某个城市都可以像经营企业一样成为品牌,他率先提出在旅游理论和实践领域应用品牌文化。

③从旅游目的地品牌化和旅游目的地形象视角

通过品牌要素的整合、形象塑造等活动,可以赋予旅游目的地更多价值的过程就是旅游目的地品牌化。康斯(Cnoth,2002)提出旅游目的品牌化,首先应该对旅游吸引物进行品牌定位、传播管理、经营设计等,其次应针对性地开展旅游目的地自然、文化资源、旅游产品、服务等的品牌化。在互联网信息冗杂的时代,塑造旅游目的地品牌意义重大。一方面旅游目的地形象可以对产品产生相应的影响,另一方面,游客在购买旅游目的地这种产品的过程中,也在对品牌形象进行认知。实践中,应该积累事件营销等手段来提升旅游目的地影响力,通过体育赛事、演唱会、发布会等推动旅游目的地品牌建设。

④从旅游目的地品牌构建和管理视角

Becherel 和 Vellas(1999)认识到定位、形象、品牌之间的关系,提出做好旅游目的地定位和品牌的差异化。澳大利亚学者 Murphy(2005)等在对昆士兰背包游客的旅游动机、需求、旅游体验、服务、满意度等方面进行研究后,提出了建立区域性旅游品牌的构想;Tasci 和 Cartner(2007)认为在经济全球化背景下,应当建立鲜明性、特色性、战略性的旅游品牌以面对全球化的旅游市场,并进行了理论探索和实证研究;吉赫李(2006)强调应该借助互联网、新兴媒体等平台,扩大国家和地区的自然与文化遗产影响力,并对旅游目的地品牌的口号、图形、形象传播等进行研究。Gnoth(2002)认为首先要挖掘旅游吸引物的独特性,品牌化旅游吸引物,提升品牌竞争力。

(2)国内研究进展

国内学者对旅游目的地品牌定义的研究起步较晚,但取得了比较丰富的研究成果。陈彦(2009)用品牌的概念来定义旅游目的地品牌。他认为,旅游目的地品牌指的是旅游目的地根据自身发展的战略定位,借助旅游目的地的资源和服务,建立并传递给公众的核心概念、产品和服务的名称、术语和宣传自己的旅游目的地形象的符号、图案以及它们的组合,以识别一个或一些目的地的产品或服务,并将其与其他旅游目的地的产品或服务区分开来。旅游目的地品牌不仅仅是为了区别不同的竞争对手,更重要的是它集中体现了旅游目的地的核心价值和独特文化。换句话说,旅游目的地品牌应该代表了目的地所提供的整体旅游体验的感知,这种感知涵盖了旅游目的地的各个方面,包括历史、文化、景观、服务以及当地人民的热情好客等。冷志明(2005)认为,旅游目的地品牌是对旅游目的地的历史文化、文化景观、民族风情等元素的社会认同和接受的最典型称谓，它是一种文化力量和巨大的无形资产。李树民等(2002)初步提出了旅游目的地品牌概念，并详细阐述了旅游目的地品牌与旅游地形象之间的区别与联系，同时提出了旅游目的地品牌设计和构建的关键要素。梁明珠和廖卫华(2004)对旅游目的地品牌构建内容和要素进行分析，并以广州、深圳等地区为例分析旅游目的地品牌和形象之间的联系和区别。冷志明(2005)认为旅游目的地品牌包含自然资源、人文景观、民俗文化、认同与感知等因素，同时指出文化品牌也是一种无形资产。母泽亮(2006)认为旅游目的地品牌是将发展战略和形象定位传递给大众，并得到大众认可的过程。高静(2009)对目的地品牌化、目的地形象和目的地定位进行了深入分析，明确指出了这三者之间的逻辑关联和关系模型。她提出，目的地定位是实施品牌化的基础，同时，目的地品牌化是目的地定位的补充和升华。而目的地定位和品牌化最终塑造了目的地形象，这个形象是基于目的地独特的特点、历史和文化背景以及目的地定位而形成的。

王栋梁等(2012)通过构建旅游体验与品牌化之间关系的模型，分析旅游体验、旅游感知、形象定位、品牌化之间的关系，并对如何进行旅游目的地品牌塑造进行研究。王德业(1998)在《区域形象浪潮》中较为系统地阐述了区域形象定位和管理等问题。程玉桂和曹慧兰(2002)认为应该立足地区旅游资源和特色，构建以人为本的发展理念，进行专业化、科学化规划，进一步挖掘旅游业的优势和机会。梁涛(2004)认为旅游目的地品牌创建应该注重品牌创新，突出品牌独特性，依托广西等地旅游资源，深入挖掘内涵，做好品牌规划、品牌管理，提升品牌质量。

①从旅游目的地品牌构建和管理视角。宋章海(2000)提出要充分挖掘和发挥旅游目的地各种资源优势，对旅游目的地形象定位、营销、传播等进行有机整合。而吴必虎和宋治清(2001)认为要构建区域旅游形象，必须在旅游规划与开发等前期工作的基础上，进行深入挖掘、分析、定位等显性工作方面的分析。邓辉和鲁卫星(2002)从旅游品牌的层次结构、内容入手，提出了优化湖北旅游资源、旅游环境，实施品牌战

略的对策。李胜芬(2005)认为旅游目的地品牌化需要政府的参与和指导,并且政府应该发挥主导性作用。曹新向(2007)分析了旅游品牌化的功能,结合国内外市场和旅游发展,对我国旅游品牌化运营的现状进行了深入探讨,并提出了多渠道实施品牌战略的计划。

②从旅游目的地品牌营销体系视角。郭英之(2006)认为品牌营销不是单一、被动的,应该利用和挖掘当地旅游资源和特色,多方参与整合营销,将品牌创建、品牌管理、品牌传播相结合。唐勇(2006)分析旅游目的地营销的重要性和必要性,并提出如何通过挖掘文化特色结合营销手段塑造旅游品牌。徐立新(2007)认为应当整合旅游品牌资源,让消费者充分认可品牌,提升企业或者区域竞争力,充分发挥营销和传播的作用来塑造品牌。而王厚功(2007)全面系统分析旅游品牌整合营销的竞争力优势,在旅游品牌营销概念的基础上,对中国旅游企业如何进行联合营销提出对策建议。黄勋(2007)结合我国旅游市场发展现状、旅游品牌营销理论等,对我国旅游企业如何实施品牌管理和营销提出建议,并且阐述了打造旅游品牌的重要性。王崧和韩振华(2001)认为旅游目的地公共品牌和企业品牌的都至关重要,企业可以发挥公共品牌的作用提升竞争力。

③从旅游目的地品牌资产视角。伴随旅游行业的快速发展,旅游目的地品牌资产研究逐渐成为学界关注的焦点,学者们分别从旅游目的地品牌资产概念定义、因素构成、结构模型等方面予以关注和探索。黄洁(2012)在对上海等大学生短途旅游实证研究的基础上,运用扎根理论,提出需求偏好、区外因素、品牌美誉度、品牌忠诚度、感知价值等多维度模型,并探索如何构建国家风景名胜区品牌资产。许春晓和莫莉萍(2014)通过构建旅游目的地品牌资源驱动因素结构模型,对品牌定位与知名度、品牌价值、品牌忠诚度等因素对旅游目的地品牌资产的影响进行了深入研究。于治江(2004)认为品牌传递的价值观、消费者品牌体验对于品牌塑造非常重要,并且提出企业、消费者、品牌关系等机理机制。陆潮(2006)在梳理和总结现有品牌资产研究模型和理论后,认为消费者与品牌之间的关系是品牌资产的重要因素。

④从旅游目的地品牌形象视角。邓小兰和于正松(2007)针对安阳市"殷墟"文化遗产、形象品牌的重要性以及品牌塑造传播的对策提出见解。高静(2009)在对旅游目的地概念进行定义和分析的基础上,关注旅游目的地定位、形象、品牌之间的内在联系。吴相利和韩宁(2012)构建模型对旅游目的地网站进行评测,对形象在旅游目的地品牌构建中如何发展作用进行研究。余宏宇和余压芳(2013)在对贵州旅游目的地品牌形象定位进行研究的基础上,提出旅游目的地品牌应该与旅游产品、旅游服务、风俗文化等结合进行研究与设计。陈晔等(2014)运用结构方程模型,对旅游目的地品牌形象问题进行研究,并提出优化策略。周秩(2016)就在新媒体背景下少林寺品牌构建与发展、品牌关系、品牌危机应对进行探索。陈佳洁等(2017)以浙江省民宿集群为例,深入探讨了乡村旅游背景下旅游目的地品牌形象的塑造、管理及传播等因素。

⑤从旅游目的地品牌评价视角。国内对于旅游目的地品牌评价研究处于探索阶段。吕翠芹(2012)利用 IPA 分析法(importance-performance analysis,即重要性-表现程度分析法)对旅游目的地品牌创建、管理、传播、资产、关系等维度进行分析,并尝试构建可量化的旅游目的地品牌评价指标体系。柴寿升和郑玮(2017)基于全域旅游思维,分析旅游目的地品牌形成的影响因素,探索创建旅游目的地评价指标体系,通过运用因子分析法找出五个主要影响因子,运用模型对青岛旅游目的地品牌效用进行评价。

关于如何打造旅游目的地品牌,所基于的学科角度不同,则对于旅游目的地品牌研究的侧重点也不同,社会学专家以人和社区的发展作为切入点,强调旅游目的地品牌当中应该重视当地居民这一关键要素。一些营销学专家认为品牌的传播和危机管理对于品牌的可持续发展至关重要,还有一些从游客、旅游企业视角研究旅游目的地品牌的构建和传播问题。

目前关于旅游目的地品牌,国外学者主要以案例为主,从旅游目的地品牌概念、定义着手,对旅游目的地品牌构建和管理、要素组合、旅游目的地形象品牌等开展研究,但是对旅游目的地品牌构建中政府的地位和作用并没有较多研究,关于旅游景区品牌、区域品牌、旅游目的地品牌等的研究也较少,对旅游目的地品牌评价体系指标构建的研究内容有待创新。

国内对于旅游目的地理论研究与实践活动中,针对旅游景区、旅游纪念品等品牌化的研究较早也较多。目前国内旅游目的地研究从旅游营销体系构建、品牌资产管理、区域旅游开发等视角,突出旅游市场营销在旅游目的地品牌中的重要作用。专家学者从品牌定位、品牌设计、品牌个性等角度探索旅游目的地品牌资产模型,针对旅游目的地品牌形象塑造、品牌传播等的研究较多,而对于旅游目的地品牌评价体系的构建和品牌关系、品牌资产管理等的研究不够深入。社会学、营销学等专家研究旅游目的地品牌化问题,更多是从企业、规划视角考虑,而对政府和消费者在旅游目的地品牌化当中如何参与、如何定位、发展怎样的作用研究较少。近几年,国内也有不少学者从景区品牌、城市品牌、旅游品牌等角度进行研究和实践,进一步完善旅游目的地品牌指标构成系统。

西藏旅游目的地品牌化建设,应该着眼于突出西藏历史文化、自然景观、民俗风情等特色,政府主导,企业、社区积极参与,秉持可持续发展理念,发挥政府在旅游目的地品牌建设中的主导作用,注重品牌建设与游客情感之间的联系与互动。同时加强旅游目的地品牌构建、营销、管理的专业性、科学性,依托5G大数据技术,实现品牌定位与形象传播的价值传递等有机统一,通过多渠道、有重点、互动式品牌传播,将西藏旅游目的地产品和服务品牌深入人心,提升游客旅游体验,提升西藏旅游目的地品牌内涵和竞争力。西藏旅游目的地品牌的建设,一是要加强基础设施建设,进一步完善提高民俗标准化和特色化水平,提高旅游产品的质量等,以实现品牌价值传递与游客体验的无缝对接。二是要重视品牌管理和建设人才的培训。旅游景区、旅游服务等产品的品牌应该与西藏区域旅游品牌相一致,既要突出个性又要遵从共性。三是要依托互联网技术和专家智囊优势,在准确定位西藏旅游目的地品牌的基础上,多渠道、全方位进行旅游目的地营销,针对不同地区开展不同的营销策略,确保品牌形象传递清晰到位。

2.5.11 旅游目的地品牌研究综述

旅游目的地是指为游客提供旅游活动吸引物和旅游服务的场所(Buhalis,2000)。现有的围绕旅游目的地相关的研究主要包括旅游目的地的内涵和外延、旅游目的地形象及旅游目的地推广等。随着旅游学科理论的发展,旅游目的地的研究也出现了新的理念,比如注重体验对旅游目的地营销的影响,以及游客与旅游目的地之间的关系对游客忠诚度的影响等。近些年来,由于旅游行业的兴起,旅游目的地相关研究受到了前所未有的重视。

旅游目的地相关研究在国外起步比较早,有许多学者立足于自己的学科角度并围绕旅游目的地的发展开展了大量的研究。文献梳理的结果显示,之前学者主要基于地理学、人类学及市场营销学等角度对旅游目的地进行了研究与分析。

(1)地理学角度的研究

在地理学角度上,学者们对旅游目的地的空间结构、旅游资源分布等方面形成了相对比较科学的认知。在空间结构方面,旅游目的地因为区域空间尺度的差异,具有不同的空间结构以及演化模式(Gunn,1998)。旅游系统是由旅游通道连接的客源地与目的地之间的结合。具体而言,这个系统的空间结构模型是由旅游目的地区域、旅游区、节点、区内路径、入口通道和客源地市场这六个要素构成的(黄金火、吴必虎,2005)。在旅游资源分布方面,学者们从吸引力、通达性、基础设施状况、环境恶化水平四个方面构建了自然资源评价指标体系,从交通、住宿、休闲娱乐三个方面构建了海岛旅游环境影响评价体系,从地理学的角度将旅游作为一种空间表现形式来研究,重点聚焦于旅游目的地本身的物理空间以及旅游资源方面的独特竞争力,然而却忽视了立足于游客角度去分析旅游目的地价值的重要性。

(2) 人类学角度的研究

在人类学角度上,旅游目的地研究主要是探究目的地的社会文化、旅游业和目的地居民这三者之间的关系。具体而言,就是从目的地社会文化如何受到旅游业的影响以及旅游目的地居民如何影响旅游业这两个方面开展研究。研究表明,游客不但对旅游目的地居民行为具有示范效应,而且还对旅游目的地社会结构具有重要影响(Murphy,2005),因此,旅游地居民的态度能够直接影响游客的感受。总而言之,从人类学角度对旅游目的地的研究开始考虑游客与目的地之间的相互影响。这些研究的不足之处在于没有进一步探讨如何增强目的地与游客之间相互的正向影响。

(3) 市场营销学角度的研究

从市场营销学角度,前人主要从旅游目的地营销主体、营销对象、旅游目的地形象及信息技术与旅游目的地营销等四个方面展开研究。营销主体方面,有学者提出公共部门和私人部门都有责任对目标进行有针对性的营销,在对世界旅游目的地的研究中,营销主体还可以跨国界合作。营销对象的研究主要是针对游客进行的,应充分了解游客旅游的动机,然后选取某一变量对游客进行分类。这种划分使得目的地营销对象的精准度得以很大的提升。旅游目的地形象研究的前提是对旅游目的地通过定位进行分类,旅游目的地形象被划分为原生形象、引致形象、复合形象(Gunn,1972)。信息技术与旅游目的地营销方面,学者们提出应该充分应用网络等现代信息技术发布旅游综合信息(Sheldon,1993),支持目的地营销的全过程(Buhalis,2000)。信息技术的应用极大地提升了旅游目的地营销的效率。

在对旅游目的地品牌营销的研究过程中,品牌形象的研究应该受到高度重视(Kotler,1997),品牌形象是旅游目的地区别于其他竞争者和保持长期竞争优势的重要法宝。定位是旅游目的地营销的基础,通过精准定位,旅游目的地可以不断提高市场份额(Uysal et al.,2002)。后续的有关旅游目的地品牌营销的研究大多是根据普通产品的品牌营销理论进行的。郭英之(2006)依据品牌营销理论,认为成功的旅游目的地品牌营销应该强调整合营销与体验营销相结合。本书的研究主要是针对西藏旅游目的地品牌营销进行的,通过文献梳理发现,关于西藏旅游目的地的研究主要有 Mercille(2005)以西藏为例探讨媒体对目的地形象的影响及杨昆(2014)用 SWOT 法对于西藏旅游目的地形象的研究等几篇文章,对于西藏旅游目的地品牌营销的研究更加少见。

2.6 现有研究的不足

纵观学者们的研究可以看到,对于旅游目的地的研究最初是从不同学科(地理学、人类学、市场营销学等)进行的。随着市场营销理论和品牌理论被应用于旅游学科,旅游目的地品牌成为旅游业研究的热点。但是,之前学者对旅游目的地品牌营销的研究仍然存在一些不足,表现在如下几方面。

第一,在研究层面上,前人的研究重点放在战术层面,要么从目的地形象,要么从目的地产品定位方面进行。这种研究比较具体,相对比较单一,缺乏从战略层面上对旅游目的地品牌进行整体的研究。

第二,在理论应用上,绝大多数关于旅游目的地品牌营销的研究都套用市场营销中关于普通产品品牌的理论,尚未形成旅游目的地品牌营销自身的理论体系。由于旅游目的地具有公共产品的属性,对于普通产品的品牌理论在旅游目的地品牌方面的直接运用,其科学性值得商榷。

第三,在研究方法上,定性研究占大多数,定量研究较少。

第四，在研究范围上，缺乏运用国际视野，结合中国实际情况、适合西藏旅游目的地品牌营销的研究范式。在国内现行旅游行政管理体制下，探讨适合西藏景区打造世界旅游目的地品牌营销的主体模式迫在眉睫。

第3章 西藏旅游资源优势

3.1 西藏概况

西藏,简称"藏",位于青藏高原的西南部,地理位置独特,北纬 26°50′~36°53′,东经 78°25′~99°06′之间。这片广袤的土地平均海拔在 4000 米以上,素有"世界屋脊"的美誉。西藏全区面积为 120.2189 万平方千米,约占全国总面积的 1/8,其面积在全国各省、市、自治区中仅次于新疆。西藏与新疆、四川、青海、云南等省份相邻,地理位置特殊。西藏的周边与缅甸、印度、不丹、尼泊尔、克什米尔等国家和地区接壤,陆地边境线长达 4000 多千米。西藏是中国西南边陲的重要门户,具有极高的战略地位和地理重要性。

西藏自治区,首府拉萨市,地处祖国的西南边陲,是中国五个少数民族自治区之一。党中央历来高度重视西藏工作,特别是党的十八大以来,以习近平同志为核心的党中央从战略和全局高度谋划西藏工作,提出了"治国必治边,治边先稳藏"的重要战略思想,做出了"加强民族团结,建设美丽西藏"的重要指示。中央第六次西藏工作座谈会是党的西藏工作新的里程碑,开辟了我们党治藏方略的新纪元,提出了"依法治藏、富民兴藏、长期建藏、凝聚人心、夯实基础"的重要理念。

西藏作为地球的"第三极",拥有独特的、丰富的旅游资源,但由于各方面的因素,西藏和平解放后的很多年对旅游资源的开发一直没有予以重视。直到 1979 年 12 月,"西藏旅行游览事业局"挂牌成立,标志着西藏旅游业开始起步。进入20世纪90年代后,西藏自治区政府在制定跨世纪远景发展规划时已明确提出,要把旅游产业培育成自治区的战略支柱产业和新的经济增值点。特别是2006年,青藏铁路开通,极大地方便了西藏与内地之间的交流,为旅游业插上了腾飞的翅膀。2007年,自治区政府提出要将旅游业打造成西藏的主导产业,带动其他相关行业的发展。在2010年召开的第五次西藏工作座谈会上,中央提出"把西藏建设成为重要的世界旅游目的地"的发展战略。随着科技的进步,旅游业与其他行业的融合度不断提升,旅游业与文化、服务业、商务、林业、体育、扶贫、金融等的合作更加紧密,旅游业与文化产业、饮食产业、快消品加工业、藏医药产业、农牧业、民族手工业等相关产业不断融合,为西藏诸多产业的发展搭建了良好的平台,一跃成为带动西藏发展的支柱产业。要想真正把旅游产业作为西藏的支柱产业,让旅游带动其他产业的发展,必须全面了解西藏。在此基础上,才能更加深入地了解西藏的旅游资源,诠释每一个旅游资源的内涵和外延。下面将重点从地理环境和文化环境两个方面对西藏旅游资源做一个简单的梳理。

3.2 独特的地理区位塑造西藏特色民族文化

3.2.1 地形

纵观西藏,整体被喜马拉雅山脉、昆仑山脉和唐古拉山脉所环绕,地形地貌呈现出多样化特征,这些多样化特征也造就了景象和景色的千变万化:高耸入云的山峰、深不可测的峡谷、奇特的冰川、荒凉的裸石奇观、一望无际的戈壁。西藏总体来说可分为四个地带。

一是藏北高原。藏北高原在藏语中被称为"羌塘"。位于昆仑山脉、唐古拉山脉和冈底斯—念青唐古拉山脉之间。藏北高原中的羌塘盆地是高原中最大的内流区,同时也是中国的第二大湖区,还是世界上海拔最高的内陆湖区。

二是藏南谷地。藏南地区位于喜马拉雅山脉南侧,覆盖了西藏自治区的错那、隆子、墨脱、察隅四县的大部分区域以及郎县和米林的部分地区。这片土地的海拔平均在3500米左右,地形比较复杂。在雅鲁藏布江及其支流流经的地方,形成了许多宽窄不一的河谷平地,这些平地的谷宽平均约8千米,谷长则平均约80千米。藏南地区的气候温暖而湿润,年平均降水量高达9000毫米以上,是世界上降水量最大的地区之一。这片土地充满了自然之美和丰富的生物多样性,是探险家和生态爱好者的天堂。位于东经92~97度的藏南地区,因巨大的海拔落差(海拔150~5000米之间)、茂密的森林植被以及数不尽的河流(大的河流主要有雅鲁藏布江、苏班西里河、卡门河等),可种植许多亚热带作物,有"西藏的江南"之称。世界第一大峡谷雅鲁藏布大峡谷就位于该地区,世界闻名的山峰南迦巴瓦峰亦坐落于此。

三是藏东高山峡谷。主要包括昌都和林芝市部分地区。藏东地区地处横断山脉和三江(金沙江、澜沧江、怒江)流域,为一系列由东西走向逐渐转为南北走向的高山深谷。藏东地区位于西藏与四川、青海、云南的交界处,地理位置独特,是川藏公路和滇藏公路的必经之路,也是古代"茶马古道"的重要通道。这个地区拥有丰富的历史文化和自然景观,吸引着无数游客前来探访。同时,藏东地区也是藏族人民聚居的地区之一,有着独特的民族文化和民俗风情。藏东地区整个地势呈现北高南低的态势,北部平均海拔约5300米,南部海拔平均约4000米,由于受南北平行峡谷及中低纬度地理位置等因素的影响,其气候具有垂直分布明显和区域性差异大的特点,日照充足,太阳辐射强,日温差大,年温差小,降雨集中,季节分布不均,蒸发量大,相对湿度小。

四是喜马拉雅山地。喜马拉雅山是世界上最高大最雄伟的山脉,主要分布在我国与印度、巴基斯坦、不丹和尼泊尔等国的接壤处,西起青藏高原西北部的南迦帕尔巴特峰(海拔8125米),东至雅鲁藏布江急转弯处的南迦巴瓦峰(海拔7782米)。全长约2450千米,宽约200~350千米,主要由几条大致东西走向的山脉构成,平均海拔约6000米。山区内西部海拔高、气候干燥，东部雨量充沛、气候湿润，植被茂盛。

3.2.2 山脉

西藏高原北有延绵起伏的昆仑山脉及其重要的支脉唐古拉山脉，平均海拔4000米以上，其中海拔在7000米以上的高峰有50多座，8000米以上的有11座，自然景观独特。

西藏高原的山脉按走向分，大致可分为近东西走向和近南北走向两类。

喜马拉雅山脉：梵语himaalaya，意为雪域，藏语意为"雪的故乡"。作为地球上最高、最年轻的山系，喜马拉雅山脉蜿蜒于青藏高原南巅边缘，由许多近似东西走向的平行山脉组成，是世界海拔最高的山脉。西起克什米尔的南迦—帕尔巴特峰（海拔8125米），东至雅鲁藏布江大拐弯处的南迦巴瓦峰（海拔7782米），全长2450千米，宽200～350千米。

昆仑山脉：又称昆仑虚、中国第一神山、万祖之山、昆仑丘或玉山，是亚洲中部大山系，也是中国西部山系的主干。昆仑山脉起始于帕米尔高原东部，横贯新疆、西藏之间，延伸至青海境内，全长约2500千米。山脉平均海拔高达5500～6000米，宽度在130～200千米之间，西窄东宽，总面积超过50万平方千米。昆仑山在中华民族的文化史上具有举足轻重的地位，被誉为"万山之祖"。古人更是将昆仑山视为中华"龙脉之祖"，象征着中华民族的古老文化和精神传承。昆仑山脉的雄伟壮观和深厚的历史文化底蕴，吸引了无数人前来探访。在这里，人们可以感受到大自然的神奇魅力和中华民族的悠久历史。昆仑山脉自西向东横亘在西藏高原的西北缘，平均海拔5500～6000米，最高峰是位于新疆克孜勒苏柯尔克孜自治州乌恰县的公格尔峰（海拔大约7649米）。

喀喇昆仑山—唐古拉山系：主体部分位于新疆与克什米尔的交界处，东西走向，其中喀喇昆仑山是中国古籍称之为葱岭的一部分。喀喇昆仑山西部山体较完整，高山上降水充沛，是高原现代冰川分布的中心之一，冰川作用异常发达。东部山体比较破碎，山地和缓，冰川作用的规模和范围较小。唐古拉山是一组具有宽广山幅的山地,南北宽达160千米。主脊大唐古拉山巍峨高峻,山峰多成锥形,主峰各拉丹冬海拔6621米,是万里长江的发源地。唐古拉山也是长江和怒江的分水岭。

冈底斯山—念青唐古拉山脉:位于藏北高原的南缘,西起狮泉河,东抵横断山区的伯舒拉岭,是绵延连续的东西向的弧形山系。全长约1600千米,南北宽80千米,平均海拔高度5800～6000米,为藏北与藏南、藏东南的自然分界线,也是西藏内外流水系的主要分水岭,冈底斯山脉的主峰冈仁波齐海拔6656米。东南靠近雅鲁藏布江大拐弯处的南迦巴瓦峰,其主峰念青唐古拉峰海拔7162米。

横断山脉:横断山脉(群)是世界年轻山群之一(实际是山脉群,异于普通的山脉)。横断山脉(群)是中国最长、最宽且最典型的南北向山系群体,同时也是唯一一个同时拥有太平洋和印度洋水系的地区。这片广袤的山脉位于青藏高原的东南部,通常被视为四川、云南两省西部以及西藏自治区东部南北向山脉的总称。由于其地理位置恰好处于东西间交通的"横断"之处,因此得名"横断山脉"。横断山脉(群)位于中国地势第二级阶梯与第一级阶梯的交界处,不仅是中国第一、第二阶梯的分界线,也是中国自然地理的重要分界线。这里的山脉高峰耸立,地形复杂,具有独特的自然风光和丰富的生物多样性。同时,横断山脉还拥有着丰富的水资源和矿产资源,为中国的经济发展提供了重要的支撑。

山脉之间有深邃的河谷,这些山脉由西向东分别是米什米山、丹巴曲、岗日嘎布山、察隅河、伯舒拉岭—高黎贡山、他念他翁山—怒山、芒康山(宁静山)—云岭、雀儿山—沙鲁里山、大雪山—折多山—锦屏山、邛崃山—邓殊山—大凉山等。它们分别由念青唐古拉山脉和唐古拉山脉延续转向而来,平均海拔4000～5000米。

3.2.3 河流

　　青藏高原周围大山环绕,南有喜马拉雅山,北有昆仑山和祁连山,西为喀喇昆仑山,东为横断山脉。高原内还有唐古拉山、冈底斯山、念青唐古拉山等。这些山脉海拔大多超过6000米,喜马拉雅山等不少山峰超过8000米。青藏高原上的巨大山岭普遍孕育着现代冰川,冰川融化汇聚后成为许多河流的发源地,长江、黄河、澜沧江(下游为湄公河)、怒江(下游称萨尔温江)、森格藏布河(又称狮泉河,下游为印度河)、雅鲁藏布江(下游称布拉马普特拉河)都发源于此。在冰川孕育的诸多河流中,流域面积大于10000平方千米的河流有20多条,流域面积大于2000平方千米的有100多条,流域面积大于100平方千米的河流数以千计。西藏境内江河密布,水系纵横,水力资源丰富。河流根据其最终归宿被分为内流河和外流河:直接或间接流入海洋的河流叫外流河,按其归宿分属太平洋水系和印度洋水系,主要分布在东、南、西部的边缘地区;不能流入海洋,只能流入内陆湖或在内陆消失的河流称为内流河,主要分布在藏北高原,基本是以高山雪水为源、以内陆湖泊为中心的短小向心水系,以季节性流水居多,到下游或消失在干旱的荒漠中,或在地势低洼的地带储水成湖。西藏的河流按最终归宿可以分为四大水系:太平洋水系、印度洋水系、藏北内流水系、藏南内流水系,四大水系年均径流量为4482亿立方米。

　　太平洋水系主要包括金沙江和澜沧江两大河流。其中金沙江发源于唐古拉山青海一侧的格拉丹东雪山,流经青海玉树藏族自治州、昌都市,最后通过西藏芒康县流入云南。金沙江在西藏境内流经长度约为510千米,流域面积约为22933平方千米。澜沧江有两个源头:一个是发源于青海省杂多县境内夏茸加山麓的扎曲河,一个是发源于西藏巴青县境内的万马拉山。这两个源头汇合于西藏昌都的芒康县后,流出西藏进入云南,流出云南后被称为湄公河。澜沧江在西藏境内流经长度约为500千米,流域面积约为38908平方千米。

印度洋水系的河流主要包括雅鲁藏布江、怒江、森格藏布（狮泉河）、西巴夏曲、朋曲、朗钦藏布（象泉河）、察隅曲等。西藏境内的印度洋水系流域面积占我国注入印度洋河流流域总面积的84%。雅鲁藏布江作为世界上海拔最高的河流，也是西藏的第一大河。发源于喜马拉雅山北麓仲巴县境内的杰玛央宗冰川，雅鲁藏布江的上游（马泉河）河床海拔约4700米，上游长度183千米。下游从仲巴县里孜到林芝米林县派镇区，全长约1340千米，河床海拔也从4700米下降到2800米。雅鲁藏布江在西藏流经13个县，流经长度2057千米，流域面积240480平方千米，流经海拔平均4500米。在我国诸多河流中，雅鲁藏布江单位面积水蕴藏量居于首位，水能蕴藏量居于第二位，流量排名第三位，长度排名第五位，流域面积排名第六位。

　　在西藏的河流中，属于印度洋水系的怒江发源于唐古拉山南麓的安多县，是排名仅次于雅鲁藏布江的西藏第二大河流。怒江在西藏流经9个县，在西藏境内河长约1400千米，流域面积约103330平方千米，最后从察隅县擦瓦隆乡流入云南。流出云南后的怒江进入了缅甸，被称为"萨尔温江"。

　　藏北内流水系是一个巨大的封闭区域，该区域干旱少雨，风多且大，太阳照射强烈，是西藏降水量少、蒸发量大的区域。由于低山、丘陵纵横交错，形成了数以千计以湖泊为中心的独立的向心状水系。这些水系普遍具有流量小、流经短、季节性的特点。其中大多数河流以内陆湖为归宿，由于流量小，一些河流在流动的过程中自行干涸而消失。藏南内流水系范围包括雅鲁藏布江以南、喜马拉雅山以北的区域。藏南内流水系是西藏四大水系中流域面积最小的，总面积约为2.7万平方千米，仅占西藏总面积的2.2%，占西藏内流水系总面积的4.4%。西藏各水系流域面积见表3-1。

表 3-1 西藏各水系流域面积

区域	水系	江河	面积/平方千米	占比/%
外流区	太平洋水系	金沙江	22933	1.9
		澜沧江	38908	3.2
	印度洋水系	怒江	102691	8.5
		吉太曲	2350	0.2
		察隅曲	17881	1.5
		丹马曲（达兰河）	12114	1.0
		雅鲁藏布江	242004	20.1
		西巴霞曲	35775	2.1
		鲍罗里河（卡门河）	10790	0.9
		达旺—娘江曲	6330	0.5
		洛扎恕曲	6312	0.5
外流区	印度洋水系	康布曲	2176	0.2
		汇入布拉马普特拉河的其他河流	8882	0.7
		朋曲	24272	2.0
		绒辖藏布	1400	0.1
		波曲（麻章藏布）	1987	0.2
		吉隆藏布	2950	0.2
		马甲藏布（孔雀河）	3063	0.3
		甲扎岗噶曲	1483	0.1
		乌热曲—乌扎拉曲	816	0.1
		汇入恒河的其他河流	1443	0.1
		朗钦藏布（象泉河）	23070	1.9
		如许藏布	2630	0.2
		森格藏布（狮泉河）	27170	2.3
		羌臣摩河（其普恰普河）	1397	0.1

续表

区域	水系	江河	面积/平方千米	占比/%
内流区	藏南内流水系	羊卓雍措—普莫雍措—哲古措	10091	0.8
		多庆措—嘎拉措	3111	0.3
		措姆折林—共左措	1380	0.1
		佩枯措—措戳龙	3290	0.3
	藏北内流水系	纳木错—己木措—兹格塘措	33449	2.8
		色林措—格林措	51405	4.3
		扎日南木措—当若雍措湖区	60962	5.1
		玛旁雍措—昂拉仁措—塔若措	52460	4.4
		班公措—泽措	28436	2.4
		藏北其他湖区	366959	30.5

总之,西藏自治区是我国河流数量最多的省份,雅鲁藏布江、怒江、澜沧江、金沙江都流经这里,同时还是雅鲁藏布江、怒江的发源地。另外,西藏高原还是中国国际河流分布最多的一个省份,亚洲著名的印度河、湄公河、恒河、萨尔温江、布拉马普特拉河、伊洛瓦底河等均发源于此。

3.2.4 湖泊

西藏自治区是我国河流数量最多的省份,同时也是我国湖泊最多的省份,有1500多个大小湖泊星罗棋布地分布在西藏自治区内。湖泊总面积约2.38万平方千米,约占全国湖泊总面积的30%。西藏的湖泊和全国一样,淡水湖占的比例少而咸水湖占的比例多。统计数据显示,地处西藏的盐湖数量大约251个,总面积约8000平方千米。西藏的湖泊大多水色幽蓝、清澈见底,蓝色的水面与白色的雪山交相辉映,煞是迷人。盐湖周边多是大片的牧场,土壤肥沃,为珍贵的野生动物提供了丰美的食物。

西藏最著名的湖泊包括纳木错、巴松措、羊卓雍措、班公湖、玛旁雍措等。其中纳木错为西藏最大的咸水湖,也是仅次于青海湖的中国第二大咸水湖。在西藏,海拔 4000 米以上的湖泊大约有 1000 个,海拔 5000 米以上的湖泊有 17 个,森林措是海拔最高的湖。西藏高海拔(5000米以上)的湖泊见表 3-2。

表 3-2 西藏自治区境内海拔 5000 米以上的湖泊

湖泊名称	湖面海拔/米	湖面面积/平方千米	湖泊类型	所属地区
森林措	5386	78	淡水湖	日喀则市仲巴县
美日切措	5354	64	咸水湖	阿里地区双湖县
杰萨措	5202	150	淡水湖	阿里地区措勤县
窝尔巴措	5177	89	咸水湖	阿里地区改则县
打加措	5170	145	咸水湖	跨昂仁、措勤两县
布岩措	5158	85	咸水湖	日喀则市仲巴县
错纳措	5145	50	咸水湖	那曲市安多县
帕龙措	5116	140	咸水湖	日喀则市仲巴县
清澈措	5104	57	咸水湖	阿里地区日土县
骆驼措	5103	62	咸水湖	阿里地区日土县
郭扎措	5080	244	北淡南咸	阿里地区日土县
令戈错	5051	89	咸水湖	林芝市墨脱县
黑石北措	5048	93	咸水湖	阿里地区改则县
独立石湖	5031	76	咸水湖	阿里地区日土县
普莫雍措	5009	284	咸水湖	山南市浪卡子县
龙木措	5002	97	咸水湖	阿里地区日土县
阿果措	5000	55	咸水湖	阿里地区措勤县

纳木措,藏语全称为"纳木措普摩",意为富裕天湖(或天湖、灵湖、神湖)的意思,相当于蒙古语里面的"腾格里海"。作为西藏自治区辖区内最大的湖泊、中国第三大咸水湖及西藏三大圣湖之首,是著名的佛教圣地。纳木错湖面海拔 4718 米,是全球海拔最高的湖泊,水域面积约

1920平方千米,湖水最大深度约为120米。纳木错生态旅游景区内主要景点有迎宾石（夫妻石）、合掌石、善恶洞、扎西寺等。

巴松措,当地藏族人民又称"措高湖",藏语意思为"绿色之水"千米。巴松措湖面海拔3480米,在西藏几个大湖中海拔最低。巴松措水域面积27平方千米,湖水最深处约120米。湖面远观呈深绿色,湖水清可见底,四周雪山环绕、山影倒映,甚为壮观。

羊卓雍措,位于山南市浪卡子县,湖面海拔4441米,水域面积638平方千米,水深30～60米。羊卓雍措是喜马拉雅山北麓最大的内陆湖,共有21个面积大小不一的岛屿,这些岛屿盘根错节地分布着,形成一个像珊瑚形状的岛屿,岛上生活着诸多候鸟,像沙鸥、天鹅等,特殊的地理环境使这里成为西藏最大的水鸟栖息地和野生禽类的乐园。

玛旁雍措,位于西藏阿里地区普兰县境内,位于冈底斯山主峰冈仁波齐峰和喜马拉雅山纳木那尼峰之间,与冈仁波齐并称为"神山圣湖"。玛旁雍措整个湖面呈"鸭梨"形,湖面海拔高度4588米,水域面积412平方千米,湖水深度平均46米,最大深度达82米。玛旁雍措是中国蓄水量第二大的天然淡水湖,湖水透明度最大,玛旁雍被誉为"世界江河之母",是亚洲四大河流的发源地,是唐朝高僧玄奘在《大唐西域记》中称为"西天瑶池"的地方。玛旁雍措是雍仲本教、印度佛教、印度教所有圣地中最古老、最神圣的地方,是众神的香格里拉。

3.2.5 气候

西藏自治区位于青藏高原西南部,素有"世界屋脊之称。面积约120万平方千米,是我国仅次于新疆的第二大省份,约占我国国土总面积的12.5%。常住人口约317万,以藏族为主。除此之外,存在多样性的区域气候也是西藏地区气候的特点,加之海拔差异大,西藏还有明显的垂直气候带,气候类型众多而且具有典型性。藏北高原,随着海拔升高,随之而来的是气压降低、氧气含量减少。海拔3000米处每立方米空气中的含氧量大约是海平面空气含氧量的70%,海拔4000米时这个数据变为约 63%，海拔 5000 米时下降至约 59%，海拔超过 6000 米后更是低至 50% 以下。海拔较高的藏北高原是典型的大陆型气候，每年有一半时间是冰冻期，气温在零度以下，即便是气温最高的 7 月份也在 10 摄氏度以下。藏南谷地海拔相对较低，印度洋暖湿气流进入后气候温和多雨，年平均温度 8 摄氏度左右，最低月平均气温零下 16 摄氏度，最高月平均气温 18 摄氏度左右。以降水多少和气温高低为主要指标并结合气候特征的相似和差异程度，可以把西藏地区划分为若干个有差异的气候区。西藏的旱季和雨季气候差异明显，一般在气温相对较高的 5 月至 9 月，降雨较多，几乎约占全年降水量的 90%，在气温相对较低的 10 月至次年的 4 月为旱季。从整体表现来看，西北部干旱、东南部湿润，降水分布极不均匀，由西北向东南递增。

3.2.6 物产资源

（1）植物

西藏气候类型复杂多变，海拔变化差异悬殊，形成了条件迥异的各样气候区，同时也造就了适宜多类植物生成的生态环境，植物资源非常丰富。在这里生长着 5000 多种高等植物，即使在气候条件恶劣的藏北高原地带，也生存着 100 多种植物。西藏的野生植物主要包括药用类植物、糖类和淀粉类植物、纤维植物、油脂植物、芳香油植物及蹂料植物等六大类。另外，在西藏还生长着 200 多种菌类。众所周知的食用菌有松茸、猴头菇、獐子菌、黄木耳（金木耳）、白木耳（银耳）、黑木耳等。除此之外，还有很多名贵药用植物，如天麻、鸡血藤、贝母、藏红花、灵芝、冬虫夏草、茯苓、松橄榄等。藏东南由于海拔低、气候湿润，出产水果如香蕉、橘子、苹果、梨、桃子、葡萄等。

（2）动物

西藏地广人稀、气候多样、草场类型丰富、地形地貌复杂，这些特殊的地理气候条件为野生动物繁衍栖息营造了适宜的环境。迄今为止，西藏共发现脊椎动物793种,其中两栖类45种、爬行类55种、兽类142种、鱼类63种,昆虫约4000种。这些动物中被列入国家和自治区重点保护的有147种。国家一级重点保护野生动物有藏羚羊、野牦牛、羚牛、黑颈鹤、吃斑羚等;国家二级重点保护野生动物有岩羊、麝类、马鹿、藏马鸡等;另外还有很多家禽、家畜等,如藏鸡、藏香猪、牦牛、藏驴、黄牛等。西藏自治区重点保护动物有斑头雁、狐狸、赤麻鸭等。

(3)矿产

西藏被称为"地球第三极"。西藏目前的区域地质构造是经历了许多次构造运动形成的,主要分为喜马拉雅新生代地槽和西藏台块。这种特殊形成的地质带被学界公认为地处全球三个重要的成矿带,造就了西藏丰富的矿产资源。其中铅矿、锌矿、铜矿等储藏量居全国前列,另外,西藏的金、钼、锑、铁、铂族金属及石油、天然气等非金属矿产蕴藏量可观。在有色金属和稀有金属中,西藏锂矿的储量居世界前列,是中国锂矿资源的基地。

(4)能源

西藏水资源丰富,是三江的发源地。西藏水能资源理论上年平均蕴藏量约2亿千瓦,大概占全国的1/3。西藏由于海拔高,日照时间长,年日照时数1500～3400小时,太阳能资源居全国首位。由于地质构成较特殊的缘故,西藏也是我国地热活动较强烈的地区,全区地热显示有1000多处。西藏年风能蕴藏量约930亿千瓦,排在全国前列。

3.3 丰富的民族文化奠定西藏文旅产业融合发展基础

西藏文化旅游资源汇集秀丽壮美的自然风光、引人入胜的历史人文、丰富神秘的民族风情。丰富多彩的藏文化，底蕴深厚、历史悠久，西藏的神山圣湖、嘛尼经幡、寺院神庙等带有神秘色彩的精神生活，都彰显着这个神秘高原的独特传说和魅力。

自开展非物质文化遗产保护工作以来，西藏不断激活各种非物质文化遗产资源。藏戏、格萨尔、藏医药、唐卡等一大批曾经散落于高原山川田野的民间文化犹如繁星，在传承创新中焕发出崭新活力。西藏拥有丰富的文化资源，这是其将"颜值"转化为"价值"的底气所在、优势所在、潜力所在。西藏坚持资源是根、特色是本、文化是灵魂、市场是导向，以文塑旅、以旅彰文，走出了"特色、高端、精品"的发展道路。西藏统筹全区的文化旅游资源，积极建设"重要的世界旅游目的地"，将丰富的自然景观与深厚的文化底蕴相结合，展现出独特的魅力。

3.3.1 象雄文化

古象雄王朝曾统一了号称十八万户部落的十八国，建立起威震中亚的古象雄王国。这个王国有着深远的历史背景和强大的影响力，其疆域覆盖了广袤的草原和高原，融合了多种文化元素，包括草原文化、高原文化、波斯文化等，形成了独特的象雄文化。这种佛法在历史上有着重要的地位，被认为是中国佛教理论的根源所在。如今，在俄罗斯、印度、尼泊尔、不丹、蒙古等地方，仍然有很多人称自己为象雄人的后裔，传播象雄佛法的雍仲本教寺庙也依然存在，传承着古老的象雄文化。古象雄文化是集草原文化、高原文化、波斯文化等多种文化的大集合体，其宗教体系经过辛饶弥沃佛和不同时期的佛陀传播，影响了古时印度教、耆那教及后来印度佛教的产生。这种文化在象雄经书中记载有一万八千年，具有悠久的历史和文化底蕴。如今，在我国西藏地区以及印度、尼泊尔、不丹、蒙古国、俄罗斯等地区，仍然可以发现许多与象雄文明相关的宗教文化遗迹和寺庙、僧侣，有很多人信仰象雄文化中的古象雄佛法。"古象雄文明"由于具有悠久灿烂的历史，已被列入世界文化遗产的保护范围。"古象雄文明"是西藏文明的重要根基。可以说,要了解西藏文明,必须首先了解古象雄文明,要深入研究藏传佛教,也必须先研究雍仲本教。否则,如果探究不够深入,可能会离真相越来越远。因此,对于想要了解西藏文明和藏传佛教的人来说,研究古象雄文明和雍仲本教是必不可少的。这些文化和宗教对于西藏地区以及周边地区的历史、文化和宗教都产生了深远的影响,对于我们了解这些地区的历史和文化具有重要意义。因此,对于想要深入了解西藏文化和历史的学者来说,研究古象雄文明是必不可少的。

象雄,这个被汉族学者在历史的后期称之为"羊同"或"象雄"的名字,实际上是根据藏文"象雄"两字的译音写成的汉字。每一个民族都有自己的文明史,每个民族都在与自然环境的斗争中,创造出了属于自己独特的文明。藏族,作为中华民族大家庭中的一员,自古以来就在青藏高原上繁衍生息。通过大量的文献和出土文物,我们可以追溯藏族的历史至七千到一万年前的新旧石器时代。在漫长的岁月长河中,藏族人民与其他民族一样,在同大自然的斗争中,创造出了灿烂而别具一格的古代文明。

许多历史资料都显示,象雄部落比雅垅部落更早兴起,并且与雅垅部落共同建立了强大的吐蕃王朝。在长期的历史演变和民族交融过程中,象雄民族逐渐与藏族融合,成为中华民族的一部分。而象雄本身也随着吐蕃王朝从元代开始纳入中国的版图,成为祖国不可分割的一部分。吐蕃王朝的建立,标志着西藏地区的统一和发展。在这个过程中,象雄部落发挥了重要的作用。随着时间的推移,象雄民族与藏族之间的融合越来越深入,两个民族的文化、语言、风俗习惯等方面都相互影响、相互渗透。在元代以后,吐蕃王朝被纳入中国的版图,象雄也成为中国的一部分。这一历史事件对于中国的统一和发展具有重要意义。同时,象雄文化对于中国的文化、艺术、宗教等方面也产生了深远的影响。因此,可以说象雄不仅是吐蕃王朝的重要支柱,也是中华民族的重要组成部分。随着历史的演变和民族交融,象雄文化成为中国传统文化的重要组成部分,对于中国的文化、艺术、宗教等方面都产生了深远的影响。这种深深扎根于藏族人民生活中的文化影响力和精神统治力,让象雄文化在藏族历史文化中占有举足轻重的地位。

3.3.2 宗教信仰

宗教信仰显示了藏族人民在适应自然环境方面的卓越能力和智慧。通过对果洛地区的深入研究,我们可以更加清晰地认识到藏族传统文化的基础是农业文化,并逐渐向牧业文化演化和发展。这也有助于我们更好地理解藏族人民在不同海拔地区所展现出的独特生活方式和文化特色。同时,这也提醒我们,在研究和理解一个民族的文化时,应该充分考虑其地理环境和历史背景的影响。

总之,藏族是一个绝大多数人信仰宗教的民族,在某种程度上,只信仰藏传佛教。而藏传佛教对广大信众提倡的人生理想,是将大乘佛教中发扬的慈悲与智慧作为相互促进的双重条件,从而获取个体与集体的共同圆满,最终实现佛与众生完全一统的远大目标。为了极大提升大乘佛教的利他精神,又极力阐扬和践行大乘佛教的菩提心和菩萨行,因此,藏族传统文化中贯穿着一种利乐一切众生的生存理念,藏族信众的宗教信仰目的首先是利他,而不是自利,更不局限于单一的民族而着眼于全人类。藏族僧尼的宗教追求不是个人的短暂的解脱或福祉,而是整个人类的永恒的幸福和安乐。所以,藏传佛教在藏族人的社会生活尤其是精神文化生活中占有极其重要的地位,更发挥着举足轻重的作用。对于广大的藏族信教群众来说,藏传佛教在不断地塑造着他们的精神面貌、文化观念和生活态度。

3.3.3 文化非遗保护

(1)文物遗址

西藏是中华民族特色文化保护地和历史悠久的文物宝库,西藏自治区不仅有着世界屋脊奇异的地质地貌以及特殊的自然风光,还有着与众不同的社会人文景观,仅仅是寺庙,在历史上最鼎盛的时候就有2700多座,而且还有不少宫殿、园林、城堡、要塞、古墓、古碑等。西藏的文物保护工作既理性务实又因地制宜不拘一格,取得了显著成效。西藏自治区有各级文物保护单位255处,其中,国家级重点文物保护单位27处(见表3-3),自治区级重点文物保护单位55处,地(市)、县级文物保护单位169处。

表3-3 西藏自治区全国重点文物保护单位

国家级重点文物保护单位	所处位置
布达拉宫	拉萨市
大昭寺	拉萨市
甘丹寺	拉萨市达孜区
萨迦寺	萨迦县
扎什伦布寺	日喀则市
昌珠寺	乃东县
江孜宗山抗英遗址	江孜县
藏王墓	琼结县
古格王国遗址	札达县
哲蚌寺	拉萨市西郊
色拉寺	拉萨市北郊
罗布林卡	拉萨市西郊
夏鲁寺	日喀则市
托林寺	札达县
桑耶寺	扎囊县
卡若遗址	昌都市卡若区
扎塘寺	扎囊县
白居寺	江孜县
小昭寺	拉萨市中心
朗赛林庄园	扎囊县

续表

国家级重点文物保护单位	所处位置
大唐天竺使出铭	吉隆县
拉加里王宫	曲松县
吉如拉康	山南市乃东区
桑喀古托寺	洛扎县
科迦寺	普兰县
列山墓地	朗县
吉堆吐蕃墓群	洛扎县

(2) 唐卡

唐卡(Thang-ga)也叫唐嘎、唐喀，系藏文音译，指用彩缎装裱后悬挂供奉的宗教卷轴画。唐卡是藏族文化中一种独具特色的绘画艺术形式，题材内容涉及藏族的历史、政治、文化和社会生活等诸多领域，传世唐卡大都是藏传佛教和本教作品。

唐卡是藏族文化中一种独具特色的绘画艺术形式，具有鲜明的民族特点、浓郁的宗教色彩和独特的艺术风格，用明亮的色彩描绘出神圣的佛的世界。颜料传统上，全部采用金、银、珍珠、玛瑙、珊瑚、松石、孔雀石、朱砂等珍贵的矿物宝石和藏红花、大黄、蓝靛等植物为颜料以示其神圣。这些天然原料保证了所绘制的唐卡色泽鲜艳、璀璨夺目，虽经几百年的岁月，仍是色泽艳丽明亮，因此被誉为中华民族绘画艺术的珍品，被称为藏族的"百科全书"，也是中华民族民间艺术中弥足珍贵的非物质文化遗产。

(3) 藏医

自从有了人类居住以来，青藏高原这片土地便以其独特的方式孕育出了丰富且具有地方特色的健康维护、病毒抵抗以及疾病治疗方法。古人曾言"病因之始溃于肠，沸水能治矣"。在藏族地区，几千年前的人们在与各种自然灾害和疾病作斗争的过程中,通过长期的经验积累,逐渐发现了用开水治疗肠胃系统疾病的方法,以及用熬化了的酥油进行止血的技巧。尽管有人认为藏医理论是从外地传入的,但它实际上是藏族人民在长期的生活实践中,结合本地的自然环境和历史文化逐渐发展起来的。敦巴辛饶被誉为最早的藏医,他的医学理论和实践对藏医的发展产生了深远的影响。象雄是藏族文化的发源地,也是雍仲本教的创始人辛饶弥沃如来佛祖的诞生地。在这里,敦巴辛饶撰写了《藏医九显论》等重要的理论著作。根据雍仲本教的第一本"医典"记载,杰布楚西后来成为敦巴辛饶的医学继承人,并将敦巴辛饶的医学论著编纂命名为《多个梦移》,这本书成了《四部医典》中的重要组成部分。此外,《象雄大藏经》还记载了当时已经发明了外科手术术后愈合无须拆线的方法,即在手术中使用动物的筋作为缝合线。这种先进的手术方法令人惊讶。《象雄大藏经》中的"甘露宝藏四本目"记录了大量的常见疾病预防和治疗方法、药用植物的性状和疗效等。这些知识对于藏医体系的形成和发展起到了重要的作用。在藏语中,许多药名仍然沿用了象雄词语,例如 warura(橄榄)、sletres(苦参)等。

(4)传统节庆

西藏各地节日丰富,各地区以"文"会"游",举办独具特色的旅游文化节,既有传统元素也有现代化展示,既有民族风也有国际范儿,深受游客的追捧和喜爱。

①拉萨雪顿节。在藏语中,"雪"代表着酸奶,而"顿"则意味着"吃"或"宴"。因此,按照藏语的解释,雪顿节就是庆祝吃酸奶的节日。这个节日在藏族文化中具有深厚的历史和文化背景。在雪顿节期间,哲蚌寺的晒佛仪式是整个节日的重头戏。这个仪式不仅展示了藏传佛教的神秘和庄重,也标志着节庆活动的正式开始。在晒佛仪式结束后,人们会欣赏罗布林卡的藏戏和歌舞表演,这是藏族文化中重要组成部分。随后,人们会回到家中,与家人一起过林卡、品尝美味的酸奶。这也是雪顿节的主要活动之一,每家每户都会准备丰富的食品和饮品,与亲朋

好友共同分享这个欢乐的节日。因此,雪顿节也被称为"晒佛节",这个名称既体现了节日的主要活动,也突显了藏传佛教在藏族文化中的重要地位。

②藏历年。相传大约在公元前,西藏便出现了根据月亮圆缺及星辰转动来推算四季的"白玛"老妇历算法。每当春暖花开之际,人们便聚在雅砻亚桑举行庆祝新春的"亚桑节",根据记载,当时藏王布德恭嘉也会到附近神山转悠,这种活动逐渐形成了一种定期的庆祝活动,成为藏历年之始。到了13世纪,在萨迦王朝统治年代,把元月一日定为新年之始,意为国王新年,从此藏历年正式成了西藏重要的传统节日并延续至今。

藏历年节各地有所差异。拉萨藏历年从旧年最后一个月的中旬开始,人们便开始准备供过年吃、穿、玩、用的东西。藏历年是藏族人民在劳动生产过程中创造的节日,是一年中亲朋好友欢聚的最佳时节。它正是冬春之交的农闲期,体现了人们对秋收的喜悦和春耕的信心,同时也表达了勤劳勇敢的藏族人民对新春和新年的追求与向往。

③坚阿曲巴,藏语,意为酥油灯节,是西藏藏族宗教节日,每年藏历正月十五日举行。节日之夜,拉萨市到处是酥油灯。八角街四周,摆满了用酥油和各种颜色塑成的历史人物、亭台楼阁、花草树木。人们在灯海中狂欢起舞,彻夜不眠。

④达玛节。达玛节是西藏江孜地区藏族独具风格的传统节目,拥有超过600年的历史。这个节日起源于庆祝江孜宗山的白居寺和八角塔的落成,最初的形式是跑马射箭比赛。届时,江孜藏族人民聚集在宗山脚下,进行各种丰富多彩的体育表演和体育比赛。这个节日已经成为当地人民文化交流和经济交流的重要平台。达玛节的庆祝活动一般要持续一周时间,来自四面八方的农牧民和城镇居民都会穿上节日盛装,喜气洋洋地参加这个盛大的节日。赛马是达玛节的重要活动之一,年轻人骑着漂亮的骏马,争雄斗胆,展现英姿。此外,还有各种体育比赛和文艺演出等活动,人们在这里交流技艺,分享快乐。

达玛节不仅是一个传统节日,更是一个文化盛宴。在这里,人们可以感受到藏族文化的独特魅力,了解藏族的历史和文化传统。达玛节的庆祝活动已经成为当地人民生活中不可或缺的一部分,每年都吸引着成千上万的游客前来参观和体验这个独特的文化节日。

⑤林卡节。林卡节是藏族在藏历五月十五日举办的传统节日,是一个敬神和娱乐相结合的重要日子。这个节日在藏语中被称为"藏木林吉桑",意为"世界焚香日"和"世界快乐日"。据传,这个特殊的日子是为了纪念莲花生大师在猴年五月降伏了藏地的一切妖魔。林卡节日的内容丰富多样,主要包括敬神和娱乐两个主题。敬神活动主要是向神灵祈福、献供品、燃香等,以表达对神灵的敬畏和感激之情。而娱乐活动则包括唱歌跳舞、游戏比赛等,让人们尽情享受节日的欢乐氛围。总之,藏族的林卡节是一个充满敬神和娱乐氛围的传统节日,是藏族人民表达对自然、对神灵、对生活的热爱和感激之情的重要方式之一。

3.4 完善的基础设施打通文旅融合"交通"壁垒

"乱石纵横,人马路绝,艰险万状,不可名态"是以往西藏道路的常态。改革开放以后,西藏地区的基础设施建设飞速发展,从人背畜驮到立体交通,西藏逐步建立起涵盖公路、铁路、航空、管道等多种运输方式的综合立体交通网络。除交通设施以外,西藏能源、水利、市政等基础设施建设也取得了重大进展,为西藏文旅产业的发展注入强劲动力。

这些基础设施的建设和完善,不仅方便了当地居民的生活,也为西藏的社会经济发展提供了强有力的支撑。目前,西藏地区99%的建制村已经实现了通公路,全区公路里程增加到9万千米,高等级公路增加到660千米。这些公路的建设和升级,极大地改善了当地的交通条件,促进了地区间的交流和合作。

2020年西藏自治区政府工作报告明确指出,西藏的农网改造正在加速进行,主电网已经覆盖了66个县(区),实现了电力供应的全面覆盖。此外,1288条农村公路和湘河水利枢纽等重大工程也在加快建设,这些项目将进一步改善西藏的基础设施条件,促进地区经济的发展。在民生项目方面,政府报告中提到了"三大民生"项目,以及拉日高等级公路控制性工程、"3+1"机场科学试验工程等重大项目的开工建设,这些项目的实施将为西藏的民生改善提供强大的支持。此外,西藏还实施了5G试点,标志着西藏地区已经开始进入数字化时代。同时,川藏铁路的规划也全面启动,这是连接四川和西藏的重要交通线,也是促进西藏经济发展的重要项目。

3.5 以产业为导向推动西藏文旅双向融合

在2020年西藏自治区的政府工作报告中,明确提出了将西藏打造成为重要的世界旅游目的地的目标,并计划通过打造"地球第三极"旅游品牌,利用文旅产业融合,实现西藏贫困村脱贫致富。

为了实现这一目标,西藏政府加大了对文化旅游产业的扶持力度。首先,在基础设施建设方面,大力推进景区"五通四有"工程建设,以降低游客进藏成本,提高进藏的便利性。其次,在基层文化建设方面,西藏政府支持群众性文化活动的开展,推进乡村演出队建设。通过鼓励群众参与文化活动,提高基层文化素养,同时也为旅游提供更丰富多样的文化体验。

在西藏,通过文旅融合,游客可以完全沉浸在藏民族经典的故事讲述之中,放松自我、享受快乐,获得不一样的感受。特别是西藏蓝天白云自然景观的加持,更能为进藏游客带来精神和心理上的慰藉。在西藏,文旅产业建设还体现在对当地民俗文化保护方面。西藏命名了第一批西藏自治区非遗特色县、乡、村,以加强对西藏独特民俗文化的保护和传承。民俗从来都不是单纯的风俗习惯,而是承载了西藏人民的古老记忆和人文烙印,也孕育了本地化的生活方式。另外,西藏文旅还大力推广"文创西藏"品牌建设,深化西藏特色文化产业之窗,推动文创产业的发展。

第4章 西藏旅游发展现状及存在的问题

4.1 西藏旅游发展现状

西藏旅游事业起步于20世纪90年代，和我国其他地区相比起步较晚，且存在一定的差距。改革开放以来，西藏的旅游经济经历了从无到有、从小到大的显著发展，已成为该地区经济的支柱性产业，为西藏地区经济发展作出了巨大的贡献，发挥着至关重要的角色。在西藏和平解放到民主改革期间，由于封建农奴制度的存在，西藏的各项事业发展相对缓慢。这一时期，封建农奴思想的影响仍在社会中根深蒂固。随着西藏自治区的成立，西藏逐渐迈入了社会主义建设新时期，经济社会发展逐渐步入正轨，西藏的旅游事业也开始积极筹备和发展。这一时期标志着西藏在经济上翻开新的篇章。西藏的旅游业逐渐崭露头角，开始成为地方经济发展的亮点。各类旅游项目如雨后春笋般出现，并逐步呈现出多元化的特征，成为西藏发展最快的行业。总的来说，改革开放以来，西藏旅游经济在艰苦的历史背景下逐步崭露头角，成为支撑西藏地区经济的重要产业。随着社会主义建设的不断深入，西藏的旅游业必将在推动地方繁荣和发展中发挥更为重要的作用。

2021年国务院印发《"十四五"旅游业发展规划》，强调贯彻落实新发展理念，坚持文化和旅游融合发展，加快推进旅游业供给侧结构性改革，繁荣发展大众旅游，创新推动全域旅游，着力推动旅游业高质量发展，积极推进旅游业进一步融入国家战略体系。为促进西藏旅游高质量发展,建设重要的世界旅游目的地,在自治区党委、政府的领导下,自治区旅游发展厅在创新营销模式、提升旅游品质、打造旅游新业态、丰富旅游产品、优化游客体验等方面不断努力探索,促进西藏旅游经济优质复苏。西藏不断创新,坚持"易融则融、能融尽融",引领旅游产品的升级打造,为旅游业发展提供新引擎新动力。持续提升登山、漂流、徒步探险、露营、野生动植物观赏等专项旅游品质,壮大一批林业旅游、农业旅游、研学旅游、极限挑战旅游、体育健身旅游新业态,大力发展私人定制旅游、奢野旅游产品,有序引导和推动冰雪旅游、温泉旅游、自驾车旅居车旅游、中医和藏医药健康旅游等度假旅游产品建设,从而提升游客满意度和体验感,奋力向着打造世界旅游目的地的目标迈进。

4.2 西藏"旅游+"发展模式

4.2.1 "旅游+乡村"模式

"旅游公司+农户"模式是乡村旅游初期的经营发展模式。阿里地区主要以这种模式来发展乡村旅游产业。由于阿里地区自然环境、地理位置以及政府等外部因素的制约,该地的乡村旅游发展仍然处于起步阶段,乡村旅游推崇的"旅游公司+农牧民"的旅游发展模式仍没有形成影响力。普兰县巴嘎乡岗萨村、日土县日土村、札达县托林居委会等是典型的代表,农牧民把农家乐、草场。等作为入股的资本,通过按比例分红的方式来获取其中的利润。这种模式利用了旅游公司探索开发旅游市场的优势,专业有序地对旅游景区进行规划,创立文化品牌。这种"旅游公司+农户"的发展模式不仅调动了农牧民积极加入建设乡村旅游的积极性还通过旅游企业对农牧民进行专业培训,使农牧民接待游客的能力有了一定提高,并对当地乡村旅游大力宣传,吸引了不少前来旅游的游客。

现阶段,拉萨、林芝、日喀则等已经开始进行旅游发展试点,试图通过政府引导的方式来进一步解决乡村旅游发展中面临的各种问题，确保乡村旅游的稳步发展。拉萨市经过近几年的发展，已经成功对周边旅游景点产生了带动效应。拉萨在建设乡村旅游示范基地的过程中，重点投入了大量精力进行基础设施建设，并对周边地区如娘热乡、尼木吞巴乡进行了环境治理。此外，拉萨还致力于完善旅游服务设施，对一批农牧家庭旅馆进行全面整改，包括整体效果、环境设施和接待能力等方面的提升。这一系列措施的实施，使得乡村旅游示范点的建设取得显著成效。乡村旅游示范点的创建不仅为当地带来了显著的经济收益，同时也成功激发了农牧民参与旅游服务的积极性。拉萨市通过对农牧民家庭旅馆的扶持，进一步提高了这些地方旅游服务的质量和水平。这种全方位的支持和培育措施，使得农牧民家庭能够更好地参与乡村旅游，融入市场经济体系，从而促进了当地农牧业的可持续发展。日喀则市以试点带动的方式推动乡村旅游的发展，成功实现了政府财政资金与乡村旅游的有机结合。通过打造交通便捷、资源优势明显的乡村旅游示范点，日喀则市不仅提升了当地旅游业的整体水平，还为其他地区的乡村旅游发展提供了有益经验。林芝市则借助资金扶助，对部分劣势的家庭旅馆予以补贴，当地的乡村旅游模式主要以开展扶贫工程为主体，和拉萨市以及日喀则市的发展方式不同，政府通过各种各样的扶贫政策，鼓励农民积极发展乡村旅游产业，提高了农牧民的收入。由政府出面，对资金、资源等进行统一管理和开发的方式叫作政府主导模式，这种模式的优势在于政府可以最大化地实现资源优化配置，通过制定相关的法律政策来对旅游市场进行引导，同时还能引入社会监督机制，在必要的时候也可以考虑引入民营资本到乡村旅游建设当中。在这种模式下，政府会出面进行融资、基础设施建设、专业化人才培养、相关管理制度的构建等。在经济比较落后、生产生活居民收入结构单一的模式下，采用政府主导的模式有非常大的优势，可以迅速整合和优化资源配置，促进旅游产业的快速进步。

4.2.2 "旅游+生态"模式

青藏高原独特的地理结构和气候演变过程塑造了西藏独一无二的地貌,使其成为享誉全球的生态旅游胜地。西藏拥有独特的自然条件,蕴含着深厚的历史文化底蕴,并保持着原始的生产、生活习惯,因而成为一种具有卓越生态价值的旅游资源。因此,以"旅游+生态"为发展模式对西藏旅游业的理论和实践发展具有重要意义。西藏位于青藏高原,是我国重要的生态功能区,秉持"生态优先"作为区域发展的基本准则,同时视保障国家生态安全为工业发展的基本前提。随着"一带一路"倡议、"全域旅游"等国家战略的提出,西藏正面临着协调发展民族文化、生态旅游资源与社会经济的严峻考验。这一问题不仅与少数民族人民的生活息息相关,而且与边疆稳定、生态改善、传统文化保护、全面建成小康社会等有着密切的关系。西藏以"生态立区""旅游兴区"为主要发展方向,依托丰富的人文资源和良好的自然生态环境,将生态保护与发展有机结合,旨在实现"旅游+"和"生态+"的融合与互动,推动旅游业的转型升级,由单一景区旅游发展到全域旅游,由粗放经营向精细经营转变。为此,本书以构建西藏高原特有的旅游线路为目标,通过整合研究西藏地区的自然、人文生态旅游景观,以生态性风景为主线,探索旅游活动规模与强度,构建两大类、三个层次的西藏生态旅游地区划体系,为西藏特色旅游开发提供科学依据。

4.2.3 "旅游+文化"模式

《"十四五"文化和旅游发展规划》指出,"十四五"时期是社会主义文化强国建设的关键时期,需要加快转变文化和旅游发展方式,促进提档升级、提质增效,更好实现文化赋能、旅游带动,实现发展质量、结构、规模、速度、效益、安全相统一。在新的发展格局下,文化与旅游被视为拉动内需、繁荣市场、扩大就业、畅通国内大循环的关键环节，也是推动国内国际双循环的关键要素。我们需要不断推出高质量的文化旅游产品，强化文化的引导作用，为提升人民生活水平作出积极贡献。文化产业的繁荣与国家经济的发展密切相关，西藏积极挖掘本地的民族文化资源，着重促进一、二、三产业的有机结合。通过科学规划和实施特色文化产业，西藏逐渐将高原独特的文化资源优势转化为高质量发展的有力引擎，创造显著的经济和文化价值，使西藏的文创产业焕发出新的生机。西藏"旅游＋文化"产业始终坚持以习近平新时代中国特色社会主义思想为指导，深入贯彻落实党的十九届五中全会精神和中央第七次西藏工作座谈会精神，以铸牢中华民族共同体意识为主线，重点夯实基层文化阵地，持续加大文化产品供给，架设出一条独具文化底蕴的西藏文创发展的"文化天路"，在雪域高原走出了一条属于"地球第三极、文创新西藏"的独特发展路径，做强做大"中国西藏·扎西德勒"对外文化交流品牌，奋力谱写雪域高原文化创意产业高质量发展新篇章，持续讲好中国故事，传递西藏声音，展现灿烂的西藏文化。

4.2.4 "旅游＋"全域开发模式

围绕"景城融合"与"乡村振兴"两大主线，西藏积极推动"全域旅游"的总体规划，着眼于凸显自然风光和浓厚的民族风情，以展现丰富的人文底蕴。在这一整体框架下，提出了适应西藏独特特色的三大发展思路，分别涵盖"生态农业""城市建设""美丽乡村"。在西藏自治区的战略引导下，旅游业着眼于提升旅游产品和服务水平。在旅游产品方面，致力于从"分散式、景区型"向"景区、城市、乡村"三位一体的"全域式、全景型旅游"转变，构建多层次、富有特色、高品质的旅游产品体系。在服务品质方面，将强化旅游服务水平，提升游客满意度，完善服务标准，加强从业人员培训，以提高整体旅游服务质量。

4.3 西藏旅游发展中存在的问题

4.3.1 投入经费不足,服务意识淡薄

西藏独特的资源优势和西部大开发的历史机遇为西藏旅游业跨越式发展提供了条件,农牧民交往方式变了,眼界日益开阔。藏族人民过去过着游牧生活,每天与牛羊相伴,接触范围很小,主要接触的人群就是邻居和亲戚。现在他们开始从事旅游业,每天都会面对来自天南海北、国内外的游客。全面开放的沟通方式取代了原来封闭的生活方式,视野与以前相比扩大了。农牧民的生产方式和生活方式发生了变化,融入了现代文明。随着旅游业的发展,西藏人民逐渐从传统的农牧业转向第三产业,旅游相关纪念品加工公司、旅游运输公司及各旅行社、农家乐、藏族音乐、酒店、旅游销售等行业蓬勃发展,水平不断提升。然而,旅游服务意识的落后、管理体制的不完善和基础设施的不完善,使得旅游服务意识依然薄弱。

西藏自治区位于我国西南,大部分地区都是以农牧业为主,导致经济发展和结构转变受到限制,财政收入普遍偏低。从西藏的产业结构来看,缺乏支撑性产业,工业、农业的发展都非常不完善。因此,发展乡村旅游必须依靠政府的补贴,通过政府补贴引导的方式来实现西藏文化和乡村旅游的有效结合,确保西藏旅游产业的发展。但西藏旅游产业的经费主要来自政府以及企业,也导致经费的使用受二者的影响较大。

此外,由于政府和相关部门投入的资金有限,配套设施不足,对从业人员的专业培训也不到位,导致服务业从业人员的服务意识淡薄。乡村旅游从业人员总体受教育水平偏低,没有经过系统的服务行业培训,在具体实践过程中,不具备服务意识,影响游客感知、游客旅游体验感。

4.3.2 西藏旅游文化品牌的缺失

西藏旅游经济的发展总体起步较晚,而且在基础设施方面相对比较落后,品牌定位不明确,这些导致了西藏旅游经济发展始终没有形成气候。此外,西藏旅游景区众多,但由于西藏地域辽阔,很多景区之间的距离较远,交通不方便,而且景区相配备的宾馆、餐馆等基础设施与内地相比条件较差,限制了西藏旅游产业的发展。为了解决这些问题,就必须增加对西藏的基础设施建设力度,强化西藏旅游品牌定位与建设工作,构建独具特色的西藏旅游文化。而对于西藏地区的不同景区而言,要结合自身的特点,强化人文、自然、风俗、建筑等方面的元素宣传和培养。

优秀的旅游品牌不仅能够吸引更多游客和投资者,还能为西藏传统文化和乡村旅游的融合、发展、吸引投资以及提高经济效益带来积极的推动作用。在对西藏地区的旅游产业进行研究以后发现,目前西藏仍然没有一个非常成功的将西藏文化和旅游实现有效结合的项目和景区品牌,不能让游客充分了解和体验西藏地区独特的旅游文化,一定程度上影响了游客感知。在旅游和文化二者的融合中,体验项目和产品类型的单一以及宣传不到位等,都是阻碍西藏乡村旅游发展的制约因素。

4.3.3 西藏旅游保障体系不健全

在对西藏地区旅游和文化相融合的旅游项目进行研究后发现,西藏旅游保障体系还不够完善。体系的不健全对于二者的融合发展有一定影响。这一方面主要体现在保险的缺位,因为在很多乡村旅游项目当中都增加了骑牦牛、走马等吸引旅客的旅游项目,但却并未针对这些项目设立相应的风险保护机制。此外,对马和牦牛的检疫工作也不到位,导致旅客可能在与其接触的过程中染上细菌。正是由于西藏旅游保险保障体系不健全,使得西藏旅游的安全系数偏低,影响游客感知,在发展过程中存在一定阻力。

4.3.4 旅游企业规模普遍较小

西藏地区现代旅游业发展受到历史、市场和资源等多方面的限制。首先,由于自然环境和社会基础条件的限制,难以培养现代大型旅游企业集群。其次,大型企业面临市场空间和能力的双重限制,使它们无法充分发挥自身资源和竞争优势;另一方面,它们在现代社会和经济发展中协同利用多渠道方面存在不足。

尽管小型旅行社成功进行了转型,降低了市场成本,使运营和管理更为便利,但相对于大型企业而言,小企业仍存在显著的缺陷。主要体现在以下几个方面:首先,未能充分利用各类资源,导致资源浪费和价值损失;其次,企业的经营费用较高,致使生产成本上升,降低了盈利能力;再次,在开拓新旅游线路方面的能力相对有限,因此需要加大创新力度,积极发展特色产品,充分利用西藏独特的民族文化和高原特色,推动相关产品升级,以确保产品畅销全国,乃至全球各地。

4.3.5 旅游交通资源不足

西藏经过几十年的发展,尽管在交通运输方面取得了显著的进展,但仍受制于其特殊的自然地理环境和长期的经济滞后。在公路方面,全区公路密度仅为全国的七分之一,通行深度相对较低,整体路网服务功能不尽如人意。国道和省道中,现有技术标准较低,路面较为狭窄,自然道路占比较大。由于特殊的气候条件,公路抗灾能力较差,养护成本相对较高。实际上,只有青藏公路全年保持畅通,其他公路受季节性交通限制,通行能力较差。这限制了汽车承载能力,未能有效促进西藏旅游业的快速发展。要解决这些问题,就必须加大对西藏旅游交通设施建设的投入,加强各级公路建设,大力发展航空业,改进现有的经营方式,提高交通服务质量,协调发展西藏旅游交通事业。

第 5 章　基于游客感知构建西藏旅游目的地品牌评价指标体系

5.1　西藏旅游目的地发展现状

（1）青藏高原地质地貌景观是西藏旅游资源的基质，其独特性在世界范围内无可比拟。在这片广袤的地域上，分布着雪山、冰川、湖泊、草原、湿地、峡谷等各类生态自然资源，每一处都拥有着世界级的旅游资源品质。如喜马拉雅山、纳木措、雅鲁藏布江大峡谷等，均为全球最重要的自然旅游资源，具有极高的代表性。珠穆朗玛峰作为世界第一高峰，其雄伟壮丽令人叹为观止。而纳木措是青藏高原上最大的盐湖，湖水清澈见底，一望无际。雅鲁藏布大峡谷在宽度和深度上均超过了秘鲁科尔卡峡谷和美国科罗拉多大峡谷，是全球最大的峡谷之一。青藏高原因地理位置的独特性，形成了独具特色的生物群落，种类繁多，生物多样性在全球范围内居于领先地位。该地区是全球生物分布最广、种类最丰富的地区，也是众多珍稀濒危动植物的重要栖息地和种质基因库。青藏铁路沿线可以看到野生牦牛、藏羚羊、野驴、藏野驴、马鹿、黑颈鹤、斑头雁、麻鸡、黄鸭等高原特色生物，它们在高原生态系统中占据着重要地位。沿着青藏铁路，野生牦牛、藏羚羊、野驴、盘羊等被誉为"高原之舟"的生物随处可见，具有极高的生态旅游价值。这一地区的独特自然景观和丰富的生物资源构成了极富魅力的旅游胜地。

藏民族以藏传佛教为载体的民族文化特色，如民族服饰、民族建筑、民族工艺、民族歌舞、民族习俗、民族餐饮和宗教文化等，对世界旅游者具有无穷的魅力。西藏工业较少,空气清新,自然景观和人文环境保持了原生态,如传统村落、传统文化、传统的婚姻习俗保存至今。

西藏享受特殊的中央、地方援藏政策,出台了相关的鼓励发展政策。西藏一直以来都是党中央和西藏自治区高度重视的重点地区,特别是在生态环境建设方面,取得了显著的成就。在"十一五"期间,西藏投入了106亿元进行环保与生态建设。具体来说,《西藏生态安全屏障保护与建设规划(2008—2030年)》明确指出青藏高原对我国生态安全至关重要,并明确提出未来五年内将投资155亿元,这为西藏的生态环境建设提供了雄厚的财政支持。此外,西藏还建立了一系列相关法规,形成了较为完备的地方环保法律体系,包括《西藏自治区环境保护管理条例》《西藏自治区〈建设项目环境保护管理办法〉实施细则》《西藏自治区自然保护管理条例》等。这些法规的制定和实施对西藏生态环境的保护起到了积极的作用,为建设绿色、可持续的生态环境提供了法律保障。总体而言,西藏在生态环境建设方面采取了一系列切实有效的措施,不仅投入巨额资金支持生态工程,而且建立了健全的法规制度。这些举措为保护西藏的生态环境奠定了坚实的基础,也为未来可持续发展提供了重要支持。

(2)西藏地多人少,条件恶劣,高寒缺氧,景区和交通建设发展的代价大,由于特殊的环境和社会经济条件,藏区经济发展远远落后于内地,接待住宿服务条件较差。

(3)世界旅游进入新的时代,西部旅游业大力发展和开放,对世界旅游者产生了较大的吸引力。生态旅游、文化旅游、探险旅游、体验旅游等已成为世界旅游发展的方向。纵观世界著名旅游景点的建设与发展过程,西藏要想真正成为享誉世界的旅游胜地,"十三五"及今后相当一段时期,都需要对旅游业进行系统的谋划与规划,做到科学布局、突出重点、稳步推进。基于此,西藏要走出一条彰显自己魅力与特色的世界旅游目的地建设道路。

(4)西藏地区的人口和经济规模相对较小,西藏在培育和引进人才方面的力量较为薄弱,面临着人才流失的问题。由于多方面的原因,目前我国旅游行业的人才质量普遍较低。特别是,我国还大量缺乏小语种导游人才,这就导致我国旅游业人才队伍在知识结构、劳动技能等方面还不能满足建设世界一流旅游目的地的需要。区域旅游大力开发使得生态环境遭到破坏,大量旅游者的涌入对旅游目的地居民的生活造成干扰,异质文化的差异等因素会存在一定的影响。

5.2 旅游目的地指标体系研究现状

旅游目的地建设及发展与其资源潜质和产业发展是密不可分的。对于旅游资源的评价,不同国家具有不同的标准,这些标准在通常情况下更适合某一区域或国家的资源特征。2003年,国家质检总局颁布了《旅游资源分类、调查与评价》,这个标准的颁布具有十分重要的意义,从国家层面规范了我国旅游资源的评价准则。但这个国家标准主要还是从宏观角度对泛旅游目的地的旅游资源进行评估。随着旅游业的发展,旅游市场被细分为更加具有鲜明特色的不同类别,这种宏观层面的评价体系在对具体的旅游目的地进行评价时难免有所偏颇。为了规避这样的风险,学者们开始对旅游目的地评价指标体系进行更加深入的研究。

AIhemound 和 Armstrong(1996)从一个地方的"自然、历史、文化、基础设施"等方面对旅游目的地的资源进行分析。Beerli 和 Martin(2004)从"自然风光、文化积淀、休闲设施、旅游氛围、3S资源"等方面探讨旅游目的地资源的优劣。国内学者杨振之(2005)主要从观赏游憩资源、生态环境、服务内容及服务硬件设施、餐饮设施及娱乐项目五个方面对度假旅游资源进行评价。随着生态旅游的兴起,旅游目的地的评价标准也发生了变化,马勇和肖智磊(2008)从环保低碳等方面提出了自己对旅游目的地综合指标体系的设想,主要涵盖目的地吸引物、环境保护措施、管理制度及水平等。众所周知,游客对于旅游目的地的感知质量,除了硬环境(自然环境)外,软环境的影响也不可小觑。基于此,有的学者对旅游目的地的软环境也提出了要求。陈雪钧(2011)设计了旅游目的地软环境评价指标体系,具体内容主要有文化环境、民风民俗、服务环境等。本章将在前人研究的基础上,具体结合西藏旅游目的地的特点,构建符合西藏特色的旅游目的地指标评价体系。

5.3 旅游目的地品牌指标体系构建的原则

评价指标体系是指由表征评价对象各方面特性及其相互联系的多个指标所构成的具有内在结构的有机整体。通过指标体系量化事物随时间推移而发生的变化,可以使大众了解事物的发展趋势及发展阶段。设定指标体系的目的是向人们提供指标所评价事物的相关信息,便于决策者的决策和消费者的选择。通常情况下,指标体系不仅能反映事物变化的量化信息,而且还能简化那些反映复杂现象的信息。就旅游目的地品牌评价体系而言,该体系应包含表征旅游品牌中相关指标的属性,及不同属性之间的逻辑关联。

旅游目的地品牌的构成包含诸多方面,不同方面又受相应因素的影响,所以旅游目的地品牌的形成是一个多因素、多方面交织影响、相互作用的过程。一个旅游目的地品牌从诞生到发展直至成为知名品牌,是这些因素之间互相匹配的过程,而且这个过程是动态变化的,只有从各个方面深入了解不同因素的变化趋势,才能掌握品牌发展的脉络。因此,要想构建一个基于游客感知的高效、客观的旅游目的地品牌评价体系,应把握好以下几个原则。

5.3.1 系统性原则

由于旅游目的地品牌形成的影响因素众多且复杂,如果把尽可能多的影响因素全部考虑进去，将会造成品牌评价体系过于庞杂，因此，用相对较少的指标全景反映旅游目的地品牌就成为一个重要的课题。要想实现这样的目标，一方面需要我们用系统的思维模式把控影响旅游目的地品牌的重点因素，另一方面，还需要厘清不同影响因素之间的相关性、层次性，使得所选的因素既全面又互不包含，将这些因素有效地组合起来，基于取长补短、优势互补的理念，搭建一个特色鲜明、涵盖面广、动态的、包容性较强的基于游客感知的旅游目的地品牌评价指标体系。

5.3.2 科学性原则

评价指标体系是对所评价目标进行合理评判的标尺。评价体系的制定是在遵循相关理论框架的基础上，按照所评价目标的要求，对评价目标进行科学分解，然后就所分解的每一部分进行验证。旅游目的地品牌评价指标体系是在前人研究相关理论的基础上，应用定性和定量分析相结合的方法将一系列互相关联的指标构建成相应的指标体系。所以，评价指标体系的选择一定是在前人研究的基础上，通过严密的逻辑分析来筛选，使得所选指标对旅游目的地品牌本身而言既具有代表性，又具有可行性。所遴选的指标既具有一定的实操性，又能代表基于游客感知的旅游目的地品牌。

5.3.3 普适性和特色性相结合的原则

不同的旅游目的地具有各自不同的特征，有的侧重于历史，有的侧重于人文，有的侧重于自然等，侧重点不同，旅游目的地的品牌定位、品牌设计、品牌宣传等会有一些差异。但是，对于品牌本身而言，又具有一定的共性，特别是对于旅游目的地品牌来说，无论该目的地是倾向历史、人文、自然还是其他，其品牌基本元素是一致的。所以对于旅游目的地品牌评价指标体系的构建必须体现普适性前提下的特色性,坚持普适性和特色性相结合的原则。

5.4 基于游客感知的西藏旅游目的地品牌评价指标体系的构建

纵观前人的研究,学者们从不同角度对旅游目的地进行综合性评价指标的设计。有学者从品牌标识视角对旅游目的地进行评价,如Blain(2005)提出品牌标识应能够展现目的地的独特卖点。有学者重点从旅游资源和旅游服务环境等方面对旅游目的地进行评价,如黄震方等(2008)指出,资源要素价值、资源影响力、开发条件及资源潜力等要素是评价旅游目的地的重要内容。对于以观光、休闲为主导的旅游目的地而言,侯文静(2012)认为,旅游六要素(食住行游购娱)目的地形象、基础设施和管理、服务等维度是其评价指标体系的基本要素。

综上所述,对于基于旅游目的地的评价指标,现有的研究主要集中在资源和服务两个方面,而对于从品牌视角构建旅游目的地评价指标体系的研究相对较少。当然,旅游目的地的资源和服务是影响旅游目的地的基础要素,但仅从这两个方面出发构建的指标评价体系存在一些不足:首先,从资源和服务方面构建的评价指标体系只是立足供给侧的角度衡量目的地本身的客观影响力,忽视了需求侧(消费者)感知;其次,从资源和服务方面构建的评价指标体系缺乏文化内涵。

针对现有研究的不足,本研究在借鉴国内外相关理论研究成果和其他较成熟的评价体系的基础之上,通过文献研究以及与相关专家、学者及业界人士的密切沟通探讨,甄选构建基于游客感知的西藏旅游目的地品牌评价的重要影响因素,并对这些因素反复进行归纳、整理。为了使得这些因素的选择更加全面,随后又集中访谈了50名游客,根据游客选择出行旅游目的地时的重要因素,总结提炼出基于游客感知的西藏旅游目的地品牌评价指标体系。

5.4.1 质性研究方法及扎根理论

质性研究(qualitative research)主要对研究对象进行解释性理解,并且从批判的立场出发,特别强调对研究对象进行经验主义和后实证的考察分析。质性研究主要采用归纳法来收集信息,研究者以质性研究作为工具,在自然情境之下对社会现象进行整体性归纳,并通过研究者与研究对象的互动性联系构建理论模型(陈向明,2000)。由于本研究旨在构建基于游客感知的西藏旅游目的地品牌评价指标体系,并且目前国内外对西藏旅游目的地品牌评价体系还没有比较成熟的模型构建与理论假设,因此本研究采用扎根理论(ground theory)的质性探索性研究方法,来探究基于游客感知的西藏旅游目的地品牌评价指标体系。

扎根理论首次出现于20世纪60年代中期,它是在经验资料的基础上构建的实体理论,侧重于通过实证研究方法来深入探讨和理解社会现象。作为一种独特的定性研究方法,扎根理论强调从实际观察和数据中提炼理论,使研究更具针对性和实用性。通过深入挖掘和整理经验资料,扎根理论帮助研究者建立扎实的理论基础,为社会学及其他相关领域的研究提供有力支持。协助发展社会学的相关理论是扎根研究最初的目的,扎根理论最适合以行动为导向的社会互动过程为研究对象,基于此,这一理论能渗透到很多学科领域。扎根理论是基于规范化的程序对大量资料进行系统分析、反复检验,在研究过程中注重与对象的互动关系,并且它对数据分析具有普适性,要求研究人员对相关因素有清楚的认知。本研究采用扎根理论进行探索分析时,通过对进藏游客的访谈资料进行开放式编码(开放式登录)、主轴编码(关联式登录)、选择性编码(核心式登录)三个程序来构建基于游客感知的西藏旅游目的地品牌评价指标体系,在访谈资料语句中不断比较、发现、感悟,最终来确立核心范畴,构建理论框架。

5.4.2 研究工具的选择

NVivo 是 QSR 公司开发的一款帮助研究人员进行定性分析的软件,能够处理文章、采访、视频、音频、图像、网页、微博和其他自媒体内容,并具有强大的编码功能。在本研究中,我们将整理好的访谈资料转换成 TXT 格式导入 NVivo12 的列表视图中,并通过对访谈资料进行逐行编码。该编码过程遵循以下总结的编码方式:开放式编码(open coding)、轴心式编码(axial coding)和选择式编码(selective coding)。NVivo 的编码分析过程是基于扎根理论的框架体系进行的。值得注意的是,NVivo 作为质性研究的辅助工具并不能代替研究者进行思考,而其本身编码、查询以及管理资料的能力可以提高研究者的工作效率和创造性。

5.4.3 访谈对象信息

本研究通过设计访谈提纲对进藏游客进行访谈,获得第一手资料数据,采用的是理论抽样(theoretical sampling)方法。具体的访谈信息见表 5-1。

访谈前几天我们会事先预约受访者,并且告知访谈者访谈的主题,以便做好准备工作。正式访谈时,研究者按照访谈提纲由浅至深进行询问,首先让受访者从自己进藏前的期待与想象开始谈起;其次受访者结合自己实际的旅游经历以及主观意识加以描述;最后引导受访者对西藏旅游目的地品牌的感知加以说明。在整个访谈过程中,研究者采用变换问题的方式,逐步了解受访者对西藏旅游目的地品牌各方面的真实评价。主要的访谈提纲为:(1)请问您在进藏前,对旅游地

表 5-1 访谈人口统计信息

人口统计变量	分类项目	人数/人	百分比/%
性别	男	23	46.0
	女	27	54.0
	合计	50	100.0
年龄	18~25 岁	10	20.0
	26~35 岁	13	26.0
	36~45 岁	12	24.0
	46~55 岁	9	18.0
	56~60 岁	6	12.0
	合计	50	100.0
学历	高中及以下	8	10.0
	大专/高职(含在读)	4	8.0
	本科(含在读)	23	46.0
	硕士及以上(含在读)	15	30.0
	合计	50	100
职业	学生	16	32.0
	农民	2	4.0
	企业职工	9	22.5
	政府机关及事业单位	12	24.0
	离退休人员	6	12.0
	自由职业者	3	6.0
	其他	2	4.0
	合计	50	100.0

有什么期待和前期准备吗？（2）您觉得西藏地区最吸引你的要素是什么？（3）您会选择什么样的方式和路线进藏？（4）您对西藏旅游目的地的住宿、餐饮以及景区设施是否满意？如不满意有什么建议？（5）您是否进藏时对自身的身体状况有所担忧，出现不适时是否能及时解决？（6）您对西藏本地居民的宗教信仰、习俗文化有什么切身感受？（7）您对西藏地区的旅游品牌建设有什么好的建议？访谈时围绕这些主题和捕捉到的概念范畴还会进一步追问，以尽可能地洞察访谈者真实的内心感受。

从现有的质性研究文献看，大部分学者采用面对面的访谈方式来获取第一手资料信息。这是因为面对面访谈能够更加清晰地获取访谈者的原始语句，并且还能通过受访者的面部表情及状态，分析受访者内心的真实世界，并能更好地发现问题来调整访谈内容及重点。在本研究中除了采用传统的面对面访谈外，还采用网络在线访谈的方式，这种方式不会受到时间与空间的制约，会更加便利，受访者回答问题时会更加自由，逻辑性更强。因此本研究采用两者相结合的方式取长补短，在访谈的过程中经本人同意进行了录音，以便后期我们对资料进行整理转换，最终共获得九万余字的访谈记录。

5.5 范畴提炼与模型构建

5.5.1 开放式编码

开放式编码（open coding）是一个深入分析的过程，旨在将我们收集和整理的访谈资料进行系统的概念化和范畴化。这个过程涵盖了将所有可以编码作业的句子或片段进行分解和重新组合，以准确地反映原始资料的真实含义。开放式编码是一个将原始资料进行深度挖掘、拆解，赋予新的定义，然后重新组合的过程。在执行编码时，我们对50位访谈对象的资料进行了逐句的深度分析和编码，以得到初始化的概念。为了避免研究人员主观的个人偏见,在绝大多数情况下,我们使用受访者的原始表达作为标签。利用NVivo12的编码系统,最终共得到718个参考点、28个初始化概念。在初始化概念的选取过程中,我们经常会遇到一些概念层次相对较低、数量繁杂且存在交叉性的问题。为了解决这些问题,我们需要进行深入的提炼工作,将初始化的概念细致地汇聚起来,以实现概念的范畴化。在进行初始化范畴的选取时,我们遵循一定的原则和标准,以确保范畴的质量和准确性。具体而言,我们会剔除那些参考点小于3的小范畴,只保留参考点3以上的概念。表5-2为开放式编码的范畴化,为了节约篇幅,每个范畴我们只节选了1~2条访谈者的原始语句供参考。

表 5-2 开放式编码范畴化

原始资料语句	参考点	概念化 a	范畴化 A
B03 截至目前,本人曾先后两次进藏,一次是随团行,一次是自驾游,深度游还远远谈不上,但西藏地区风景的可观赏性始终值得回味,令人陶醉。从我个人的旅行经历看,西藏是目前为止我唯一去过还想再去的地方。 B32 西藏地貌的独特性和多样性,即使放在全世界来看也是不可替代的。行驶在去阿里的路上,永远不知道下一秒会不会更加震撼。	27	a1 可观赏性	A1 旅游资源(a1、a2)
B36 西藏是一个很难一次性玩完的地方,景点太多并且距离远,扎什伦布寺开始就是后藏,自然风光更甚。拉萨及周边包括布达拉宫、大昭寺、八廓街、扎基寺、羊卓雍错、纳木错,林芝有雅鲁藏布大峡谷、南迦巴瓦峰、索松村、巴松错、波密鲁朗、卡定沟、墨脱,珠峰线上有扎什伦布寺、卡若拉冰川、珠穆朗玛峰大本营,阿里有玛旁雍错、冈仁波齐、古格王朝等很多风景秀丽的景点。	16	a2 资源多样性	

续表

原始资料语句	参考点	开放式编码 概念化 a	开放式编码 范畴化 A
B17 心里念着去西藏很久了,但是闺蜜一直没空,没人陪犹豫了很久,月初终于决定不再纠结了,一个人也要出发。说实话一个人还是很慌的,所以想报一个团,不会孤单也能保证安全。我报的是林芝+珠峰+纳木错的六日游,转的景点挺多的,行程不会很散也不会特别赶,在每个景点停留的时间也正好,拍了很多美美的照片,嘿嘿。	33	a3 线路合理性	
B26 大家去西藏尽量做好心理准备,我个人觉得西藏并不是适合穷游的地方,因为交通不便运输成本大,连很多连锁品牌的价格也会比内地高上不少,并且大部分吃食价格都是偏高的。西藏景点分散,如果想去周边景点玩或者是走几条旅游路线,门票、路费开销比较大,尤其是在西藏一待起码七八天,旺季住宿也是一笔大费用。 B06 珠峰上的氧气罐是垄断的,600元一罐,只要你跟团,可能司机就会忽悠你买,因为买了他有钱赚,但是珠峰大本营的实际海拔只有5000米上下,如果你能在日喀则睡得安稳,那可以不用买氧气罐,带几个便携式的就行,或者你可以不住旅行团提供的民宿,花600元钱住一个好一点的民宿,制氧机随便吸。这都是高反不是很严重的人可以节省的费用。但是如果高反很严重,还是老实买氧气,晚上睡觉的时候吸够吸饱,再带一个便携式的氧气瓶好好上珠峰大本营玩一玩。	36	a4 旅游产品价格	A2 旅游产品 (a3、a4、a5)
B14 西藏的旅游业可以说是发展得越来越好了,促进西藏旅游业蓬勃发展的主要原因就是交通比以往更加便利了,中国铁路系统克服大量的难题,修建连接内地和西藏的铁路,让民众去西藏更加方便,同时,通过铁路进藏可以有更好的适应过程,这一优势比飞机更加明显,更不容易受到高原反应的影响。	27	a5 旅游产品质量	
B31 一直以来,西藏以其雄伟壮观、神奇瑰丽的自然风光闻名,西藏地貌的独特性和多样性,即使放在全世界来看也是不可替代的。行驶在去阿里的路上,永远不知道下一秒会不会更加震撼。 B36 拉萨作为西藏的首府,是游客们的必经之地。这里有布达拉宫、大昭寺、小昭寺、八廓街等著名景点。其中,布达拉宫是西藏的标志性建筑之一,也是西藏文化的象征。夜晚你可以去转转八廓街,品尝当地美食,感受拉萨的夜生活。纳木错是西藏最著名的湖泊之一,也是世界上海拔最高的盐水湖。你可以在湖边散步、骑马、划船,或者在湖畔的帐篷里露营,感受大自然的美丽和神秘。珠峰是世界上最高的山峰,也是很多登山爱好者的梦想之地。珠峰大本营是登山的起点,这里有专业的登山队和装备,可以帮助你实现登顶珠峰的梦想。即使你不打算登山,来	32	a6 旅游地品牌知名度	A3 旅游品牌 (a6、a7)

续表

原始资料语句	参考点	开放式编码 概念化 a	范畴化 A
到珠峰大本营,也可以欣赏到神圣的珠穆朗玛峰,感受大自然的震撼和力量。扎什伦布寺是西藏重要的佛教寺院之一,也是世界上最大的黄教寺院。这里保存着大量的佛教文化和艺术珍品,如唐卡、佛像等。寺内有着静谧的氛围和壮观的建筑,让人感受到佛教文化的博大精深。羊卓雍错是西藏另一著名的湖泊,也是世界上海拔最高的淡水湖。这里的水蓝得让人难以置信,湖边有着广阔的草原和雪山环绕,是一个非常适合骑行和徒步旅行的地方。如果你喜欢冒险和探险,可以考虑在这里露营和徒步旅行。			A3 旅游品牌 (a6、a7)
B23 每次提到西藏总是很神圣,而西藏阿里更是一场朝圣之旅,平均海拔4500以上,抬头就能看见雪山。这里真的是个缺氧而不缺信仰的地方,当我站在这片土地上的时候,一切想象都幻化成了现实。 B07 拉萨有许多古迹遗址,布达拉宫、大昭寺和罗布林卡被列为世界文化遗产。主要旅游景点有哲蚌寺、色拉寺、小昭寺、宗角禄康、藏王陵、楚布寺、拉萨清真寺、曲贡遗址、西藏博物馆、药王山、直贡噶举派寺庙群等。周围具有经济价值和医疗作用的地热温泉遍地,堆龙德庆县的曲桑温泉、墨竹工卡县的德中温泉享誉整个藏区。	36	a7 旅游地品牌美誉度	
B10 过了鲁朗林海,东行大约半个多小时,便来到318国道川藏南线上最为艰辛的路段——排龙到通麦天险。以往往返于这一路段,时常可见峡谷中坠落遗弃的汽车残骸,遭遇塌方泥石流更是家常便饭。短则几个小时堵车,甚至双方乘客步行而过堵车点,易车而行继续行旅也不是不可能。这一路段时常修了毁、毁了修,年年不间断重复,堪称"交通地质灾害博物馆"。而今,"天险"已经成为过往,取而代之的是"天堑变通途"——逢山开洞、遇水架桥。帕隆一号隧道、排龙沟特大桥、帕隆二号隧道以及易贡藏布与帕隆藏布交汇处的通麦共存的三座桥梁,便是这一变迁的历史见证。愈发便捷的交通,自然能够更快促进当地的发展,相应的,在路上的故事也就少了许多。 B18 拉萨公交线路是很方便的。我住堆龙,离拉萨市区12公里,打车需要40元的交通费,我选择公交出行,1块钱就可以到市区,避开上下班高峰期,几乎都是有座位的。青桔电瓶车4元起步价20分钟,需要在固定点位停车,网上可以领券或者买次卡也很划算,都配上了安全头盔(有点脏),不能载人,公交不到的地方,我就选择电瓶车。就公交车味道来说,人不多的时候还好,没有什么味道,人太多了,就还是会有味道,但是大家都带了口罩,可能是疫情后大家都有保护意识了吧。	25	a8 交通条件	A4 基础设施 (a8、a9、a10、a11)

续表

原始资料语句	参考点	开放式编码 概念化 a	开放式编码 范畴化 A
B11 总之还是那句话，在西藏的吃住肯定是比不了其他旅游城市的，要做好心理建设，不要有太高的预期。如果想要舒服，那么钱包一定要鼓。如果当作人生一次特别的体验，那么差不多就可以了。 B39 拉萨的住宿主要分为三类：青旅、民宿和酒店，价格也由低到高，当然，如果你要去拉萨，推荐住在布达拉宫附近3公里范围内。一是比较热闹，吃喝都比较方便；二是安全，西藏地广人稀，即便是旅游旺季人流也不是很多，如果你是一个人，22点以后的街会令你恐惧。拉萨大约21点天黑哦。	42	a9 食宿 条件	A4 基础 设施 (a8、 a9、 a10、 a11)
B17 西藏时光 livehouse，是我对比过几家之后，发现这家颜值、环境、氛围都特别好，民谣到摇滚，摇滚的时候还能跟着甩头诶！从没体验过的好玩，氛围超好，最喜欢的一家 livehouse，在拉萨待了10天去了两次哈哈，越靠近舞台的位置感观最好，最好提前预约！	20	a10 娱乐 设施	
B10 开在八廓街中的宝藏小店，在大昭寺附近的小巷子里，是一家藏式"潘多拉"的饰品店。店里的手链手绳可以随意组合，有手牌、串珠，可以根据串珠不同的寓意和自己的喜好随意组合，串珠价格都在15～30元之间，老板会根据你选的样式帮你搭配串好，可以编手绳还可以串手链，手绳不能调节大小，手链可以调大小，是一串绝对不会重样只属于你自己独特的手链。做好的手链可以拿去旁边的大昭寺和扎基寺开光。老板人很和善，态度也很热情，来拉萨可以来打卡逛逛。 B43 在拉萨还是有很多可以逛的商场比如八廓街商贸，有好多都没有见过的东西，好多在平时见到又不知道的，在这里是真可以好好了解一下藏文化。还有拉萨清真大寺，一条很接地气的街道，挨着八廓街很近，晚上8点以后，就会有很多摆摊的：卖蔬菜、水果，最吸引我的是小吃，来了这边想吃的小吃还真不好找。这个地方有新疆烤羊肉串、辣条、凉皮、烤面筋、炸串、烤红薯、鸡蛋堡、烤玉米、炒板栗，统统都有。	34	a11 购物 条件	

续表

原始资料语句	参考点	开放式编码 概念化 a	开放式编码 范畴化 A
B46 大环线上确实只有旱厕,确实有些真的不堪入目并且也都没有水可以洗手,但也没那么吓人,准备足够的湿纸巾,就当洗手了。提前问一下行程时长,时长紧密的路上最好还是不要喝太多的水,确实厕所不多尤其是进入无人区以后,晚上落脚酒店后可以狂补水。旱厕也没有网上说的那么糟糕,有些还是挺好的还有隔间有门,建议带好口罩进去,眼睛不要乱看。其实我觉得野厕也不错,可以让师傅找桥洞,还能欣赏一下桥下风景。总之,厕所问题好解决,不用担心,但也不要半小时一小时就找一次,一车人最好一个时间都解决一下提高效率。 B23 让我印象最深的厕所有三个:第一个是羊湖旁边的旱厕,收费两元,关上门就伸手不见五指,坑口有微光照进来,尿打在下面的石头上会发光,像火花;第二个是一家川菜馆隔壁大院的厕所,苍蝇巨多,有一两只硕大勇猛,发出无人机一样的声音窜来窜去;第三个是冈仁波齐芝热寺对面的旱厕,有玻璃窗,站着撒尿的时候虽然可以远眺寺院、宁静心灵,但脚下黄色的稀屎散发出的新鲜味道又立马把人拉回现实,可以说是修行佳地。	21	a12 旅游厕所	A5 辅助设施 (a12、a13、a14)
B29 青藏线上有很多捡垃圾的志愿者,志愿者们会将在高原上捡拾的垃圾分类打包,请路过的自驾者或打车司机带走一袋垃圾,把垃圾带到有处理垃圾能力的驿站。有一天,一辆邮政的物流卡车司机从山上带下来几大袋的垃圾,一句话没多说,卸下垃圾上车就走了。车开得很快,志愿者们目送他的车开出驿站,那时候觉得,这个人真帅啊! B48 游客带来的垃圾大部分集中在国道沿途和旅游景点,还有一部分在越野路线和徒步路线中。在西藏清理垃圾比城市难得多,谷底、山顶、悬崖、密林、草甸……高海拔下只能靠人力一点一点地捡,一步一步地背出来,环卫工人和越来越多志愿者们一步一弯腰一低头捡到一个垃圾,可以说是朝圣式的清理,仍清不干净所有地方!西藏地广人稀,垃圾回收处理能力有限,我们这样肆无忌惮地制造垃圾,别说垃圾桶够不够装了,就算扔进了垃圾桶也很难完全被合理处置。那些垃圾桶以外很多人默认成垃圾堆的地方越来越多越堆越多,一阵狂风、一群牦牛、一群鸟、一些野生小动物,短短时间就能让这些垃圾堆弄得四散到更远的地方!	11	a13 废弃物处理	

续表

原始资料语句	参考点	开放式编码 概念化 a	开放式编码 范畴化 A
B40 身处318进藏必经路上,这里为自驾进藏者准备了房车营地和自驾俱乐部,根据用户需求量身打造,除了基础的饭馆、便利店、洗手间等服务设施,比传统的服务区更贴心的是,这里还为自驾游客提供充电、洗衣服、洗菜、补水等便利,还有个宠物乐园,带狗子来这儿还能顺便玩会儿。318国道除了是中国最美景观大道外,最主要是它沿途配套设施完善,路况好的同时又能找到海拔低的地方住宿,可以让身体慢慢地适应高海拔。 B01 路途上的服务设施还是蛮多,很多场地都是有水有电有厕所的,有的会收费有的免费。虽然有的驿站环境卫生不太好,但是一路上满足一点日常休息补给是足够的了。	16	a14 沿途服务设施	A5 辅助设施 (a12、a13、a14)
B16 首先西藏的海拔比较高,大气层高度比较底,太阳光线穿透的大气层比较薄,受到的削弱作用就比较弱,天空会比较蓝。其次,西藏的高海拔也导致水汽不容易上升到其上空,也就不容易成云,很少有云、雾天,当然会很清澈。西藏的重工业不发达,自然环境处于相对原始状态,空气中污染少,所以空气质量好,天比较蓝。 B24 拉萨市西北部有世界稀有的、国内最大的城市湿地——拉鲁湿地,正是这片"拉萨之肺",让位处高原腹地的拉萨变得更加宜居。拉萨农牧业发展水平较高,旅游业发达,但工业基础较薄弱,工业污染小,环境质量好。空气质量排名居全国前列,多次位居全国第一。	18	a15 空气质量	A6 自然环境 (a15、a16、a17)
B26 每一个人对西藏氧气含量的感知是不一样的,我说一下我和我身边的人,都有什么反应。我身边的朋友有头疼,但有时候头疼是风太大吹的,所以不好判断是不是高反。还有就是胸闷,像一块儿石头压在你的胸口,感觉呼吸不顺畅。我在去纳木错的路上经过海拔5190半的那根拉山口,我的脸就感觉到很麻,但是我们没有停车,因为司机说只要停20分钟,全车高反。海拔下来之后那种脸麻的感觉就没有了。 B35 我们去纳木错没有自驾,选的是当地的小团,早上从拉萨出发,途经念青唐古拉山。去的时候狂风暴雨,我以为跟纳木错无缘了,万万没想到。半小时之后天开始放晴,水越来越蓝,美到我呆住了,很久才想起来拍照。进藏一定要注意保暖,因为在海拔已经5000多半了,中途遇到了大雪冰雹、下雨、打雷、大太阳,冷热交替严重,实在是很容易感冒。	22	a16 气候舒适度	

续表

原始资料语句	参考点	开放式编码 概念化 a	开放式编码 范畴化 A
B11 那天,我伫立在狂风中,呼吸着高原稀薄的空气,静静地看着地球之巅上亘古不变的积雪慢慢转变为金色然后消失,最后笼罩在黑夜里。这一刻,高反和头痛好像都变得可以忍受了。山河辽阔,呼吸着神奇高原大地稀薄的空气,便觉得人间值得。曾经觉得,西藏很远,珠峰更是遥不可及,可是当我站在这里,珠峰就在我眼前的时候,我才觉得,与其向往,不如出发。"因为山就在那里!"	23	a17 景观特色	A6 自然环境 (a15、a16、a17)
B13 西藏的宗教神话山湖之间的恋情婚姻真是错综复杂,关于冈仁波齐、玛旁雍措、纳木那尼峰和鬼湖拉昂措之间的纠葛可以用"一出大戏"来形容。	24	a18 地域文化特色	A7 人文环境 (a18、a19、a20)
B26 藏族同胞对"哈达"特别看重,是他们珍贵的礼物。"哈达"有很多种颜色,但白色比较多见,用纱或丝绸织成,不同颜色代表着不同的寓意,一般接待贵客、结婚喜事、送客都献"哈达"。B08 藏族同胞还有一个风俗习惯,就是送亡人的时候,或者每年忌日的时候,会自己做那个油香。他们认为应该把自己的这种思念都寄托在自己做的那个油香里面。	29	a19 民风民俗	
B31 走在八廓街上看虔诚的信徒,他们不是在磕长头就是在匍匐的路上,不远数千里,历数月经年,风餐露宿,在沙石冰雪上磕头跪拜。他们的手和脸脏得很,可他们的心特别干净,每次看到总是很动容,他们的信仰和纯粹,是我无法想象却又敬畏的。这大概就是信仰的力量吧。	44	a20 信仰系统	
B13 这一路快乐且安全,西藏的治安比想象中好很多,西藏的人民友好纯良,可能是我幸运,总是能遇到很好的人。八廓街居民楼里的小女孩会害羞地看着我,睁着美丽的大眼睛说:姐姐你好漂亮啊!"你也好漂亮,你的眼睛真好看",小女孩笑着跑掉了,还不忘回头看看我走到了哪里。等公交的四年级小学生一直盯着我看,"我给你照个相吧,你叫什么名字?""我是城关区第二小学的,我叫单增贡曲。""自己放学回家啊,好厉害!""我的家在北边的山下,要坐一个小时的公交车。"刺眼的阳光,蒸腾的温度里混着他手里的橙子汽水味。摩崖石刻旁边商户的女儿,我喜欢夸女孩子漂亮,她听到后腼腆又开心地笑着跑开了。八廓街居民楼里踢足球的小男孩,还会假动作,太可爱了。B15 我是冬季进藏的。这时的西藏,游客稀少,来的大多是从各地来拉萨朝拜的藏族人民,让我有一种沉浸式的体验,像一个外来者误闯了一个完全不一样的世界。在这里,我碰到的藏族人	26	a21 居民好客度	A8 旅游氛围 (a21、a22、a23)

续表

原始资料语句	参考点	开放式编码 概念化 a	开放式编码 范畴化 A
民都非常友善,心胸非常宽广,和城里锱铢必较的心态完全不一样。在纳木措骑马的时候,本来100元钱只能到湖边,去湖边走要240元,后来小伙伴讲价从湖边走返还出发地200元,藏族小伙就爽快答应了。什么都很好说,说什么都乐呵呵,用有限的普通话跟我交流着,告诉我从小到大没有离开过家乡,3万元买匹马就靠它赚钱,对外面的世界也没有过多欲望,非常知足。			A8 旅游氛围 (a21、a22、a23)
B19 第一天到拉萨,给导游发微信,只给了一个电话号码,让我们打电话,之后就再也联系不上导游了。 跟我们对接的导游是东北人,给我们的电话号码是四川的,上车把我们拉到酒店就丢大门口了。啥都没说,扔下就跑了。导游联系不上,啥都不知道,就搁大门口了。我们一脸懵圈,后来我们进酒店开好房间,终于有人联系我们了,过来跟我们签合同。一个四川妹子,进来叭叭讲了一大堆,叫我们签合同,最后开始收额外费了,包括150元的高反保险,还不跟我们讲是四天后生效的,七天六宿,等走了再生效。 B27 作为一个第一次来到西藏的女生,来之前总是会有一点担心,所以我们选择了一个领队。我们的领队真的是一个非常好的领队,人帅还踏实,幽默还有责任心,上知天文下知地理,关于西藏的很多知识都是他给我们介绍的。	37	a22 服务人员水平	
B03 我在这个团中感受到最大的点就是服务真的很好,司机和负责人都超级负责任,遇到问题第一时间就能解决,景点玩得久一点也不会催,司机还会帮我们拍照,真的是把我们放在心上的。西藏真的好美,来了真的不会后悔,很满意这一场说走就走的旅行。但是时间还是不够充足,一共只待了8天,是真的还没有玩够呢。 B08 当时我们本来是想去大昭寺拍照的,路上偶然发现了一个小小的门洞,进去之后简直打开了新世界的大门,是一家超具民俗特色的客栈。客栈一共有4楼,一进门服务人员就帮我们把行李拿到了房间,而且电梯上下楼很方便,里边也都是那种具有异域风的装饰。房间还有淡淡的香味,很干净。各种设施也非常全。最让人感觉贴心的竟然是还在房间里准备了供氧的设备,因为很多人第一次去西藏可能会有高原反应,所以说老板实在太贴心了。	34	a23 服务人员态度	

续表

原始资料语句	参考点	开放式编码 概念化 a	范畴化 A
B13 西藏不安全因素主要来自自然环境,西藏的治安还是很不错的,特别是拉萨市区,每隔一段路就会有警卫值守,遇到坏人,大声呼叫就可以了。 B06 去年骑单车走了一遍318国道,从成都到拉萨,花了20多天,在海子山碰到了骑摩托的劫匪,但是我们纠集了一大帮骑友,并且拦下一辆重卡一辆SUV,就这么过去了。此后一路从容。如果你问整个西藏境内,我不清楚,反正路上应该注意安全,毕竟即使京城,也有拦路抢劫的,拉萨城到处是特警,我跟一个骑友去买藏刀,当时我们害怕担心被讹,但这种担心是多余的。事后我们除了收获卖主的白眼和自己一脑门的汗,相安无事。	28	a24 公众安全感	A9 安全保障（a24、a25）
B09 投诉并不难,只要你问清楚,他们跟你承诺了什么,保留好证据,或发现他们有违规操作,你都有办法投诉,而且投诉到旅游局就是重罚,这也算跟旅行社的唯一好处,非常好维护自己的权益。 B28 投诉西藏市政府热线后,因为疫情关系一直没有消息,以为不会有后续了呢。前段时间有来电联系,居然给我退了这个高原旅游险的费用。如果有相同的受损者,可以打政府热线投诉,不过要有相关的证据。投诉是为了肃清不当收费,让旅游行业收费更加透明合理,保障我们合法的权益。还是推荐大家去西藏旅游,以后有机会还要去,美丽的西藏!为建设美丽西藏贡献一份小小的力量!!!	14	a25 游客投诉与反馈机制	
B15 在拉萨、林芝这种城市里,就医是比较便利的,但是如果你行驶在道路上,你想找一家医院或诊所并不容易,运气好可能会碰到乡镇卫生院。	10	a26 就医便利度	A10 医疗保障（a26、a27、a28）
B47 拉萨有一家网红诊所——鑫圣附属诊所,一进去就映入眼帘的是锦旗。还是得早点去,我们去的时候大概上午九点多,已经坐满了。医生会先测血氧和体温,然后询问病情。严重的话会给你开吸氧和吊水套餐,然后问你要几天巩固的药。不过价钱有点小贵,记得好像是三四百元的样子。吊完四瓶小水,就慢慢恢复元气了,下午就去八廓街拍写真也没不舒服的了,真的挺神奇。 B39 吐槽下拉萨市人民医院,医生没问题,主要是就医过程太不人性化太落后了,打印检查报告的机子大早上没人开机,四五个机子楼上楼下的也都打不出来,后面让去医技楼二楼拿,我一个年轻人就打印个检查报告跑了四五十分钟,中途也遇到跟我情况	23	a27 医疗水平	

续表

原始资料语句	参考点	开放式编码 概念化 a	开放式编码 范畴化 A
一样的几个人,还看到藏族病人家属去护士那里拿报告,因为语言不通让人家跑上跑下的,还大声吼人家。现在都什么年代了,医院的系统设备不能更新好一点吗?医院服务不能更加人性化一点吗?导台也没有人值班。多跟大医院学习学习吧。 B12 高反千万别去拉萨人民医院吸氧。我去的时候晚上12点了,工作人员给你挂号办诊疗卡,医生打印病历时折腾了半小时。不在那吸氧到最后诊疗卡还不给退钱,真是火大。可能他们真觉得病小,可当事人真心难受至极,搞不好就过去了。后来去西藏阜康医院,医生小哥哥特别贴心。本来都开始讨厌拉萨了,医生小哥哥挽回了。	10		A10 医疗保障 (a26、a27、a28)
B24 我肠胃炎去拉萨人民医院的时候发现,诊疗费和开药的费用都挺优惠的,可以直接微信建档和支付,很方便。 B02 进藏前提前办理医保卡异地就医并做好备案,这样到了西藏一般正规的医院都可以用医保卡,因为看病,特别是治疗肺水肿时间久费用高,有的要五六千元。		a28 医疗费用	

注:B××表示第××位受访者回答的原始语句。

5.5.2 主轴编码

前面开放式编码的工作是发现范畴,而主轴编码(axial coding)主要的工作是更好地发现主范畴。具体的做方法是将开放式编码总结的范畴进行聚类分析,建立各范畴之间的关联性逻辑。通过具体的分析,我们发现本研究中开放式编码所发现的范畴之间确实存在相互的关联性和逻辑次序,所以我们对其进行更进一步的归纳,共归纳出四个主范畴。各主范畴对应的开放式编码范畴如表5-3所示。

在第二轮主轴编码阶段,笔者把10个范畴分成了四个主范畴即"旅游目的地吸引物""旅游目的地设施""旅游目的地环境""旅游目的地保障"。其中游客对旅游资源、旅游产品、旅游品牌的感知归类到旅游目的地吸引物范畴,游客对基础设施与辅助设施的感知归类到旅游目的地设施范畴,游客对自然环境、人文环境与旅游氛围的感知归类到旅游目的地环境范畴,游客对安全保障与医疗保障的感知归类到旅游目的地保障范畴。另外,旅游目的地吸引物与旅游目的地环境两个主范畴是影响西藏旅游目的地品牌评价最为重要的因素,涉及的参考点数占据了整个编码的65%。

表5-3 主轴编码形成的主范畴

主范畴	参考点	对应范畴
旅游目的地吸引物	207	旅游资源
		旅游产品
		旅游品牌
旅游目的地设施	169	基础设施
		辅助设施
旅游目的地环境	257	自然环境
		人文环境
		旅游氛围
旅游目的地保障	85	安全保障
		医疗保障

5.5.3 选择性编码

当主轴编码完成后,范畴与范畴之间的关系会相对清晰地表现出来。选择性编码(selective coding)是进一步探究各个范畴之间的关联,分析核心范畴与主范畴或之间的关系,并以"故事线"(story line)的形式陈述整体的社会现象。这里所说的"故事线"则是核心范畴与主范畴或几个主范畴之间的典型关系结构,它包含了研究内容主体逻辑脉络,完成"故事线"后所研究的框架模型以及发展出的实质理论也就浮出水面。经过主轴编码,本研究将"旅游目的地吸引物""旅游目的地设施""旅游目的地环境""旅游目的地保障"四大主范畴编码为西藏旅游目的地品牌评价指标体系。这里需要分析的是"故事线"这一核心范畴能否统领四大主范畴。基于本研究的访谈资料,主范畴的故事线及受访者的代表性语句如表 5-4 所示。

表 5-4 主范畴的故事线及受访者的代表性语句

典型关系结构	关系结构的内涵	受访者的代表性语句（提炼出的关系结构）
旅游目的地吸引物 ↓ 西藏旅游目的地品牌	旅游目的地吸引物是西藏旅游目的地品牌建设的一个最为主要的资源归因,从整体的旅游资源环境大方向上促成西藏旅游目的地品牌的打造。	B06 路过色林错的路上,看到马路边村庄正举行一场盛大的活动,赶紧停车下来拍了照,还受邀喝了甜茶吃了素包子,村子里的以及附近村子的藏民朋友都着盛装齐聚于此,像一场盛大的时装秀,我被这五颜六色的服饰深深吸引。 B13 每去一个地方就会被那些地方的建筑所吸引。拉萨这个地方有许多传统的藏式建筑,如寺庙、庙宇和民居,展示了丰富的藏族建筑文化。最近西藏甜茶馆艺术节要来了,年轻人都去一探究竟。此次甜茶馆艺术节还独居创意地将艺术家画作放进最日常的甜茶馆中,给参与艺术节的人带来惊喜。
旅游目的地设施 ↓ 西藏旅游目的地品牌	旅游目的地的基础设施、辅助设施完善程度,已经成为旅游目的地品牌新的争夺地,其实质是提升旅游目的地品牌的核心竞争力。	B39 孜珠寺,是西藏海拔最高最重要的寺庙之一,也是最古老和最重要的寺庙之一。巨大的岩石形成了天然的石门,远远望去的"天门",各种小房子镶嵌在其中,最高的镶嵌在岩石之上。而最顶上的房子,从天蓬上出去是山顶,有个悬崖峭壁旁边的厕所,成了网红厕所,站在旁边,面对垂直悬崖,还真有点眩晕打颤。 B33 以前在东南亚真的很爱逛市集,各种主题,白天晚上都是市集选手。在拉萨这几年,感觉拉萨称不上有真正意义上的文创市集。最近在次角林新开的夜市真的充满了惊喜,氛围感直接拉满。虽然位置有点点远,但是人气真的很旺,而且各种小吃、文创小东西、演出、车位市集、围炉篝火、打卡标识……统统都有,除了大人爱逛的,小孩子可以玩蹦床、旋转桃树还有射击游戏……真的非常热闹。大家如果去的话建议天稍微黑一点点再去,拍照更好看。

续表

典型关系结构	关系结构的内涵	受访者的代表性语句（提炼出的关系结构）
旅游目的地环境↓西藏旅游目的地品牌	自然环境、人文环境和旅游氛围是旅游目的地环境的主要构成，游客对旅游环境的感知会映衬整个旅游目的地品牌形象。	B46 没有人能够逃脱西藏的美，雪域高原上随风飘扬的经幡，湖边祈愿的玛尼堆，大昭寺外随处可见的朝拜者和无处不在的转经人。每个清晨与黄昏，大昭寺都洒满了阳光，游客很多的大昭寺，那些朝圣的人却丝毫不受别人影响，好像一切与他们无关，三步一磕才是他们的全部。这里是朝圣者最终的向往……
旅游目的地保障↓西藏旅游目的地品牌	旅游目的地的安全保障和医疗保障是游客在目的地旅游安全感的来源，是西藏旅游目的地品牌服务体系建设的重要组成部分。	B33 林芝绝对是西藏最适合的养老地。基础设施齐全，城市的各类配套设施完善，医院、学校都有。交通方便，有机场、火车站、拉林高速通往成都的双轨道铁路正在建设中，预计5年左右通车。最最最重要的是气候好。林芝属于南亚气候，一部分在地处热带。林芝市海拔2900左右，温暖、湿润，对于受不了内地的炎热又缺氧的老人来说是不二之选。 B32 拉萨市区有很多武警站岗，看着他们就满满的安全感。但是出门在外一定要留个心眼，火车上的搭子不能全信。在拉萨有什么突发情况就找你报的旅社，他们比你爸妈还希望你这趟旅程顺利。
旅游目的地吸引物↕旅游目的地设施	旅游目的地吸引物与旅游目的地设施之间相互关联，旅游目的地吸引物的热度会促使基础设施的建设，基础设施的完善又能增强旅游目的地的吸引力。	B42 发现有一家温柔神奇的民宿，在路上就匆匆忙忙定了这家民宿。自驾到了后民宿主理小姐姐出来热情接了我们，小姐姐携带猫咪给我们准备了小零食和茶，并且点燃藏香，还泡了特色茶招待我们，晚饭招待我们吃了牦牛火锅。房间装饰得特别舒服，日用品特别齐全。计划一天的拉卜楞寺旅程变成了两天。 B38 林拉公路全年免费通行，从拉萨到林芝，它串联起两地美景，单程仅仅需要5小时。当你遇见拉林公路，就会明白什么叫"最美景观大道"，这一路的高山、湖泊、森林、冰川……每一处景色，都会深深地镌刻在内心深处，让人舍不得忘！

续表

典型关系结构	关系结构的内涵	受访者的代表性语句（提炼出的关系结构）
旅游目的地吸引物 ↕ 旅游目的地环境	旅游目的地环境是旅游目的地吸引物的重要组成部分,两者相辅相成,相互促进。	B11 萨普神山的美丽无法言喻,照片不及眼睛看到的十分之一美丽。希望大家进去内湖一定要爱护环境,不要乱扔垃圾,下山的时候看到很多空的矿泉水瓶和纸巾还有食品垃圾,内湖美的一个原因我觉得是不允许外部车辆进入,真的走进去的很少,人为破坏也比较少。所以真的要保护自然生态环境,带走自己的垃圾! B51 当"西藏以西,秘境阿里"成为一个标签后,自然成了无数旅行者国内的终极目标。阿里让我念念不忘的景点一定有古格王国遗址。古国王朝是个辉煌了700年历史的神秘古国,相传一夜消失。充足的日照、稀薄的空气、干燥多风的环境,让岁月记住了古格王朝的模样,同时也孕育了札达土林这一奇观。
旅游目的地吸引物 ↕ 旅游目的地保障	旅游目的地吸引物一定程度上会促使旅游目的地保障设施的完善;完善的保障设施会进一步增强旅游目的地的吸引力。	B16 西藏吸引了很多人来旅游,为保障旅客进出西藏的需求,民航西藏区局协调涉藏航空公司计划新增进出港航班452架次、5万多个座位,进一步缓解旅客出行难的问题。 B25 回来后的某个瞬间,突然想起自己曾经在早上六点三十分,独自一人走了半小时,到机场大巴乘坐地。当时只觉得时间充裕,想在离开前最后用脚步与这片土地接触。安全问题相当放心。从八廓街开始到上车地点,走过了宽阔又只见零星几人的步行街,坐了电梯上了天桥,从天色灰暗走到了破晓。好像,也没什么不安全的,除非遇到了醉鬼之类的。
旅游目的地设施 ↕ 旅游目的地环境	基础设施、辅助设施的增强使得游客在目的地环境氛围中感知更为愉悦;良好的目的环境又反过来要求加强旅游目的地设施的建设。	B23 西藏现在全力推进川藏铁路建设,推动滇藏铁路波密至然乌段开工建设,加快拉日高速公路建设、狮泉河镇至昆莎机场高速公路建设、京藏高速公路那曲试验段、G318线提质改造、G219线墨脱至察隅段新改建工程等重点项目,实现普兰机场通航。推进高海拔县城供暖供氧、城镇污水垃圾处理等项目,着力补齐城市发展短板。 B37 我们从拉萨到纳木措途经了波玛村,进去了解,这里在北京援藏指挥部指导支持下,当地引入企业,在易地搬迁安置房基础上进行民宿改造,推出"德吉藏家"品牌。这一独具风情的藏式民宿凭借"家店合一、上下合住"的特色以及藏族同胞的热情好客,受到很多游客青睐,如今是很多游客西藏之行的落脚之处。

续表

典型关系结构	关系结构的内涵	受访者的代表性语句（提炼出的关系结构）
旅游目的地设施 ↕ 旅游目的地保障	旅游目的地设施是旅游目的地保障的基础；旅游目的地保障促使旅游目的地设施的建设。	B19 来拉萨之后高反，之前查攻略说有家私人诊所很好但特别远，选择了从酒店能步行到达的阜康医院。本来以为是公立小医院没报太高期望，但发现效率还挺快的。后来肠胃炎时问了当地人去了西藏自治人民医院，晚上人巨多不说，医生护士也非常一板一眼，我肠胃炎烧到 39 度让我做各种检查，完事之后重新挂急诊做了一套 CT 才确诊肠胃炎，折腾到晚上 12 点跟我说没床位要去另外一个公立医院，输液输到早上 8 点多。第二天去了阜康医院才知道是私立医院，效率特高而且有床位给我输液!!虽然很折腾但还是喜欢西藏喜欢拉萨。 B36 去西藏旅游的朋友们，如果对草药没有相当的认知，一定不要在途中景点购买这类物品，不懂行的人很容易买贵或者买到假货。我上个月去西藏珠峰线跟团游，遇到了没有留心的购物托，被哄着消费了 4000。我搜了一下当地旅游相关主管部门的电话，致电投诉要求退款。相关部门挺重视的，当天就全额退款了，这点还是让我很有好感的！
旅游目的地环境 ↕ 旅游目的地保障	环境良好的旅游目的地营造离不开目的地保障；火爆的旅游目的地环境刺激目的地保障的完善。	B11 吉祥圣雪藏餐吃完后，门口被小偷盯上，被扒了手机。警察局门口没憋住，看警察的态度就知道找回没戏，从 6 点报警到被我们逼着查监控，隔了快四个小时，他们就走个流程，根本无心解决问题，这点直接让我对拉萨的好感值降为负值。 B29 西藏很安全，治安很好，不要贪小便宜，省钱放其次，该花就花。还有就是，一个人去拉萨之前，我有很多次短途旅游的经验。在拉萨随处都是一个人来的，很容易就遇到同频的人。 B20 拉萨市区内治安很严格，藏族人民普遍都是非常友善热情的，但是你也不要主动去触碰他人的底线和信仰，因为咱们毕竟外来人员，真动起手来就是弱势群体。八廓街基本上隔十几米就有武警驻守，看到了心里也会踏实很多。

5.5.4 西藏旅游目的地品牌评价指标体系

根据表 5-3 及上述分析,我们构建如下西藏旅游目的地品牌评价指标体系(见图 5-1)。

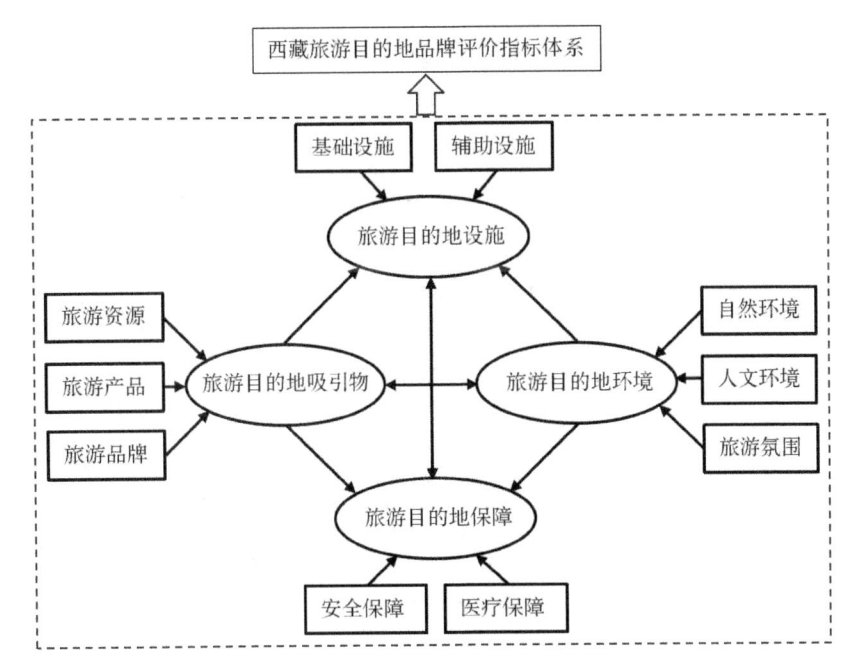

图 5-1 西藏旅游目的地品牌评价指标体系

该体系主要分为四个层面:第一层是目标层,即西藏旅游目的地品牌评价指标体系;第二层是准则层,是对第一层的总目标进行分解,包括旅游目的地吸引物、旅游目的地设施、旅游目的地环境、旅游目的地保障等;第三层是要素层,具体而言就是对准则层的影响因素进行分类,主要包括旅游资源、旅游产品、旅游品牌、基础设施、辅助设施,自然环境、人文环境、旅游氛围、安全保障、医疗保障等;第四层是指标层,是对上一层的明细化,就是通过操作性较强的指标对要素层进行具体的实施,共包含 28 个具体指标(见表 5-5)。

表 5-5　西藏世界旅游目的地品牌评价指标体系

目标层	准则层	要素层	指标层
西藏旅游目的地品牌评价指标体系	旅游目的地吸引物	旅游资源	可观赏性、资源多样性
		旅游产品	旅游线路合理性、旅游产品价格、旅游产品质量
		旅游品牌	旅游地品牌知名度、旅游地品牌美誉度
	旅游目的地设施	基础设施	交通条件、食宿条件、娱乐设施、购物条件
		辅助设施	旅游厕所、废弃物处理、沿途服务设施
	旅游目的地环境	自然环境	空气质量、气候舒适度、景观特色
		人文环境	地域文化特色、民风民俗、信仰系统
		旅游氛围	居民好客度、服务人员水平、服务人员态度
	旅游目的地保障	安全保障	公众安全感、游客投诉与反馈机制
		医疗保障	就医便利度、医疗水平、医疗费用

第6章 基于游客感知构建西藏旅游目的地品牌评价实证分析

6.1 问卷设计与测试

6.1.1 问卷的形成

本研究问卷中的量表构建遵循 Churchill(1979)的研究思路,具体步骤如下:将要测量的变量具体化;用原始的陈述或项目作为具体测量项来建构量表;通过数据收集发现原始设计的度量项目中不合适的部分;通过测度提炼最终确定研究的测量项目;再次收集数据,验证量表的可行性和有效性;最后,提炼出具有一定指导意义和规律性的理论。生成测量项目的方法有三种:一是以往学者曾经使用过的测项;二是研究者根据相关文献进行自编;三是通过与消费者和专家的深度访谈归纳而得。

本研究采用大规模问卷调查来收集数据,问卷发放尽量涉及本研究所触及的不同层面。本研究充分参考前人开发的量表,这样做是因为前人开发的量表已经经过多人反复验证获得了较高的信度和效度,可以直接采用或进行一定的改良。由于国外学者开发量表的环境及使用对象并不见得适合国内消费者的消费环境和消费文化,所以在使用时要进行适度的修改,从而使所使用的量表更加符合测量目标的要求,提高量表质量。本研究量表的设计严格按照以下步骤进行:首先结合前人的研究,对其中的测项进行筛选组合;其次通过预调研和正式调研数据分析,对量表进行测项纯化;最后再和相关领域的专家学者进行探讨,尽可能地完善量表。

6.1.2 问卷设计

调查问卷采用李克特五点量表进行测量。整个问卷设计按照游客对西藏游前期望、游后感知及游客身份的社会学统计调查共三大部分组成。其中第一部分是针对游客进藏之前西藏旅游目的地品牌相关要素重要性在游客心目中权重的分配,评分共分 5 级;第二部分是针对游客进藏之后对西藏旅游目的地相关要素感知的评价,评分共分 5 级。在两部分的分级中,"1～5"分别对应"非常不重要""不重要""无所谓""重要""非常重要"。

6.1.3 预调研和问卷修订

在进行大范围的问卷调研之前,先进行小范围的预调研。进行预调研的目的主要有两个:首先,用预调研得到的数据对问卷的信度和效度进行检验,以便对问卷进行修改和完善;其次,通过预调研可以修正问卷的错误或容易产生歧义的测项,便于更好地体现问卷的原本含义。总之,通过预调研可以及时修订问卷和处理调研对象对测项的各种疑问,以便在大规模正式调研时能取得较为满意的效果。

(1)信度检验

信度检验又称可靠性分析,是对同一对象采用相同的方法重复测量所得的结果的一致性程度。信度的衡量指标是相关系数,常用的相关系数分为稳定系数、等值系数和内在一致性系数。在量表测量时,通常用信度来体现所测的一组问题表达的是否为同一个概念,这些测量项组成的内在一致性程度如何。Cronbach's alpha(克朗巴哈系数)是最常用的信度指标之一,该系数是由 Cronbach 于 1951 年提出的。一般而言,Cronbach's alpha 值的大小和测量项间的相关度正相关,Cronbach's alpha 值越大,说明测量项之间的相关度越强。本研究使用 SPSS 20.0 版本测量问卷的信度,并选用 Cronbach's alpha 作为信度报告指标。在统计学中,Cronbach's alpha 指标的取值范围为 0～1,其值越接近 1,说明量表信度越高,一致性程度越好。在可接受的范围内 Cronbach's alpha 的值应该不低于 0.7(Nunnally and Bernstein,1994)。本研究预调研所得到的初始问卷的各部分信度检验结果如表 6-1 所示。

表 6-1 信度检验

Cronbach's alpha 值	标准化项的 Cronbach's alpha 值	测量项个数
0.898	0.871	28

由表 6-1 中可以看出,预测试信度系数 Cronbach's alpha 的值是 0.898,根据上述所说的,通常在测量中,Cronbach's alpha 的值大于 0.7 则可信度可以接受,而 0.898＞0.7,所以本研究的问卷预测达到了预期,同时也说明调查问卷设计合理,内容贴近调查目标,指标可靠。

(2)效度检验

效度(content validity)是指测量目标与测量内容之间的相符程度。要达到较好的内容效度,就必须使所用的测项能包含所测内容的主要方面。为了确保本研究所采用的问卷有较好的内容效度,在设计问卷时我们严格按照相关理论,做了如下工作。

第一,选用成熟量表。在进行问卷设计时,对于旅游目的地品牌测量,选取在该领域非常有权威的学者开发的、经过后人多次验证后认为是成熟的量表,从问卷来源上保证了本研究所设计量表的内容效度。

第二,翻译力求忠实原意。本研究所选用的量表基本上都是源自量表开发者的原文,所以大多数都是英文文献。我们先请翻译专家将其翻译为中文;再请国内相关领域的专家对翻译内容从专业角度把关、修正;

最后再请外教将修正后的问项翻译成英文,与原文献对照。这样可以确保中文测项能忠实于英文文献原意,进一步提升了问卷的内容效度。

第三,专家把关。邀请营销专业博士班的同学先对翻译好的问卷测项进行逐字逐句的斟酌,看有无存在歧义及误解的词汇,最后邀请营销系的教授对问卷做整体的评审,使问卷符合测量规范。

通过以上程序,可以最大限度地保障本研究所用问卷的内容效度。

6.1.4 样本选取和数据来源

(1)样本选取

本研究遴选了进藏旅游的游客作为调查对象。由于西藏具有海拔高的特点,所以我们对于游客的选择有一定的要求,一般要求身体健康,无高血压、心脑血管等疾病。本研究主要选取18~60周岁的进藏旅游爱好者作为调查对象。

(2)数据来源

西藏地域辽阔,不同海拔地区景色各异,神山、圣湖、草原、林海独具特色,加之藏传佛教和藏民族传统文化的影响,数量众多的寺庙也是一道靓丽的风景。为了使所获得的数据能最大范围覆盖西藏景区,确保所选取的样本具有一定的代表性,充分体现进藏旅游消费者的本意,本次共发放调查问卷450份,涵盖拉萨、林芝、那曲、阿里、昌都、日喀则等地区,涉及景点有布达拉宫、大昭寺、罗布林卡、纳木错、雅鲁藏布大峡谷、巴松错、雍布拉康、鲁朗林海等。本研究采用现场发放问卷的形式对游客进行调查,由于团队旅游时间比较紧凑,我们发放对象主要是散客。我们给每个填问卷的游客送一个西藏的特产或纪念品作为邀请礼物。调查问卷的发放时间集中在暑假(7月20日—8月20日)期间,这个时间正是西藏旅游的黄金季节,游客较多,保证了调查问卷群体的全面性和多样性。整个调查共发放问卷 450 份,回收 426 份,有效问卷的回收率 94.6%,符合研究要求。

6.2 数据分析

6.2.1 人口统计学特征分析

本次正式调研共发放问卷 450 份,回收 426 份,有效问卷的回收率为 94.6%。在进行数据分析之前,需要对数据有一个整体的了解,把握样本的基本特征,对样本进行描述性统计。本研究使用 SPSS 20.0 中文版软件进行处理,主要从性别、年龄、职业、受教育程度等方面进行了统计,统计结果见表 5-2。

从表 6-2 中可以看出,男性有 216 人,占全部人数的 50.7%,女性被试 210 人,占全部人数的 49.3%。从性别来看,男女比例基本持平,这样可以规避由于性别差异而导致结果的偏差。

从学历分布来看,本次问卷调查的对象学历分布普遍较高,其中本科学历占 46.0%,硕士及以上学历占 18.1%,这两项加起来占到总数的 64.1%。这与进藏旅游的游客群体大多数是中青年人,这些人普遍学历较高有关。

从年龄分布来看,被试在不同年龄段基本都有分布,但集中分布在 26～45 岁,占所有被试人数的 71.5%,占据大多数份额。这与当时统计数据所显示的进藏旅游主流人群的年龄在 18～45 岁之间,所以样本的这种年龄分布与实际旅游情况基本吻合。

从职业分布来看,被试的职业分布涵盖主要的几大职业,但数据来源还是以企业职工和机关事业单位居多,占到总人数的 60.3%。每年 7～8 月正逢暑假,是上班族携孩子外出的高峰季节,但职业的分布不会影响数据的分析结果。

表 6-2　样本人口统计变量分析

人口统计变量	分类项目	人数/人	百分比/%
性别	男	216	50.7
	女	210	49.3
	合计	426	100.0
年龄	18～25 岁	68	15.9
	26～35 岁	165	38.7
	36～45 岁	140	32.8
	46～55 岁	33	7.8
	56～60 岁	20	4.8
	合计	426	100.0
学历	高中及以下	48	11.3
	大专/高职(含在读)	105	24.6
	本科(含在读)	196	46.0
	硕士及以上(含在读)	77	18.1
	合计	426	100
职业	学生	78	18.3
	农民	41	9.6
	企业职工	105	24.6
	政府机关及事业单位	152	35.7
	离退休人员	35	8.3
	自由职业者	11	2.6
	其他	4	0.9
	合计	426	100.0

6.2.2 样本的描述性统计

样本的描述性统计分析主要从两个方面进行：首先是从影响游客选择出行目的地决策的因素出发，分析有哪些因素会导致游客选择目的地(见表 6-3)；其次是从游客感知方面分析影响游客对目的地评价的因素，即游客完成旅游过程后，根据自身体验对旅游目的地相关因素的实际感知进行评分(见表6-4)。

表 6-3　游客旅游目的地决策的影响因素描述性分析

描述指标	计量指标		
	N/个	均值	标准差
可观赏性	100	4.12	0.701
资源多样性	100	3.99	0.714
旅游线路合理性	100	3.45	0.497
旅游产品价格	100	4.05	0.702
旅游产品质量	100	3.81	0.751
旅游地品牌知名度	100	3.92	0.801
旅游地品牌美誉度	100	3.88	0.802
交通条件	100	4.01	0.702
食宿条件	100	3.98	0.699
娱乐设施	100	3.85	0.701
购物条件	100	4.02	0.658
旅游厕所	100	4.10	0.932
废弃物处理	100	4.02	0.712
沿途服务设施	100	3.69	0.814
空气质量	100	4.12	0.751
气候舒适度	100	3.98	0.672
景观特色	100	4.03	0.721
地域文化特色	100	4.12	1.085
民风民俗	100	3.83	0.883
信仰系统	100	3.92	0.611
居民好客度	100	4.04	0.702
服务人员水平	100	3.88	0.501
服务人员态度	100	3.79	1.002
公众安全感	100	4.03	0.566
游客投诉与反馈机制	100	3.55	0.819
就医便利度	100	3.65	0.650
医疗水平	100	3.95	0.831
医疗费用	100	3.55	0.599

表 6-4　影响游客旅游目的地感知因素分析

描述指标	计量指标		
	N/个	均值	标准差
可观赏性	100	4.05	0.795
资源多样性	100	3.87	0.858
旅游线路合理性	100	3.05	0.817
旅游产品价格	100	3.25	0.898
旅游产品质量	100	3.80	0.781
旅游地品牌知名度	100	3.91	0.798
旅游地品牌美誉度	100	3.85	0.801
交通条件	100	3.56	0.812
食宿条件	100	3.28	0.799
娱乐设施	100	3.84	0.709
购物条件	100	3.81	0.758
旅游厕所	100	3.88	0.966
废弃物处理	100	3.55	0.874
沿途服务设施	100	3.21	0.885
空气质量	100	3.79	0.854
气候舒适度	100	2.83	0.885
景观特色	100	3.26	0.801
地域文化特色	100	3.01	1.056
民风民俗	100	4.01	0.798
信仰系统	100	2.99	0.546
居民好客度	100	3.88	0.752
服务人员水平	100	3.56	0.812
服务人员态度	100	3.98	0.806
公众安全感	100	3.90	0.872
游客投诉与反馈机制	100	4.09	1.021
就医便利度	100	3.96	1.013
医疗水平	100	3.22	0.901
医疗费用	100	3.09	0.654

通过分析表 6-3、表 6-4 两张表格中的数据,我们可以得出一个结论:在做出决策之前,游客对于西藏旅游地品牌的认知水平平均较高;而在实际旅游结束后,这一平均水平有所下降。由此可见,在出游之前,游客对西藏旅游目的地品牌相关因素的评价与实际旅游结束后的体验评价存在显著差异。

6.2.3 信度检验

信度检验也就是可靠性分析检验,其反映的是通过采用相同的方法对同一对象做反复测量所得结果的稳定性和一致性程度。如前所述,Cronbach's alpha 系数是国际惯用的测量信度的指标之一。Cronbach's alpha 系数阈值在 0~1 之间,一般而言,该系数大于 0.7 就可以接受,其越接近 1 说明相关评价要素之间的相关性越大。游客进藏之前相关要素统计量表(见表 6-5),本研究问卷的信度检验结果如表 6-6、表 6-7 所示。

表 6-5 相关要素总计统计量表(游客进藏之前的评价结果)

描述指标	不合格项已删除的刻度均值	不合格项已删除的刻度方差	校正的项总计相关性	多相关性的平方	不合格项已删除的 Cronbach's alpha 值
可观赏性	73.58	63.285	0.431	0.605	0.835
资源多样性	73.34	60.235	0.425	0.552	0.831
旅游线路合理性	73.12	60.231	0.451	0.324	0.822
旅游产品价格	73.35	64.542	0.501	0.290	0.814
旅游产品质量	73.45	62.123	0.542	0.329	0.834
旅游地品牌知名度	73.69	58.265	0.586	0.358	0.821
旅游地品牌美誉度	74.12	57.451	0.570	0.427	0.824
交通条件	73.25	59.258	0.534	0.419	0.817
食宿条件	73.26	60.247	0.501	0.410	0.815
娱乐设施	73.22	60.142	0.579	0.445	0.818

续表

描述指标	不合格项已删除的刻度均值	不合格项已删除的刻度方差	校正的项总计相关性	多相关性的平方	不合格项已删除的Cronbach's alpha值
购物条件	73.23	53.265	0.582	0.396	0.802
旅游厕所	73.11	62.124	0.198	0.312	0.813
废弃物处理	73.85	66.321	0.156	0.317	0.854
沿途服务设施	73.56	58.487	0.516	0.390	0.820
空气质量	72.25	56.269	0.489	0.301	0.841
气候舒适度	73.21	65.212	0.201	0.298	0.825
景观特色	74.08	67.22	0.698	0.422	0.819
地域文化特色	73.55	55.923	0.632	0.310	0.815
民风民俗	74.11	58.232	0.211	0.214	0.811
信仰系统	70.51	56.32	0.105	0.467	0.785
居民好客度	72.96	57.23	0.544	0.601	0.830
服务人员水平	74.02	59.204	0.482	0.440	0.809
服务人员态度	73.21	60.213	0.512	0.366	0.821
公众安全感	73.23	59.256	0.489	0.489	0.825
游客投诉与反馈机制	73.21	58.523	0.385	0.459	0.814
就医便利度	74.19	56.399	0.577	0.398	0.853
医疗水平	74.55	60.457	0.556	0.406	0.820
医疗费用	74.02	59.23	0.591	0.608	0.759

表 6-6 信度检验(游客进藏之前的评价结果)

Cronbach's alpha	基于标准化项的 Cronbach's alpha	测量项个数/个
0.838	0.821	28

表 6-7 信度检验(游客进藏旅游感知后的评价结果)

Cronbach's alpha	基于标准化项的 Cronbach's alpha	测量项个数/个
0.782	0.786	28

由表 6-7 的数据分析结果可以看出,评价体系中 28 项指标的信度系数是 0.782,表示该量表具有较高的信度,即西藏旅游目的地品牌评

价指标体系科学、严谨。接下来分析游客进藏感知之后相关要素统计量表(见表 6-8)。

表 6-8 相关要素总计统计量表(游客进藏感知之后)

描述指标	不合格项已删除的刻度均值	不合格项已删除的刻度方差	校正的项总计相关性	多相关性的平方	不合格项已删除的Cronbach's alpha 值
可观赏性	66.23	62.145	0.510	0.608	0.735
资源多样性	66.19	64.235	0.385	0.559	0.758
旅游线路合理性	73.12	60.231	0.451	0.327	0.822
旅游产品价格	71.25	65.210	0.495	0.298	0.784
旅游产品质量	69.51	63.261	0.442	0.331	0.782
旅游地品牌知名度	68.30	63.211	0.601	0.361	0.769
旅游地品牌美誉度	67.12	62.451	0.308	0.425	0.784
交通条件	69.25	61.158	0.434	0.418	0.785
食宿条件	68.16	65.32	0.324	0.411	0.745
娱乐设施	67.39	63.219	0.462	0.442	0.794
购物条件	68.23	66.147	0.225	0.396	0.782
旅游厕所	67.55	64.258	0.597	0.311	0.748
废弃物处理	68.24	63.201	0.195	0.307	0.708
沿途服务设施	73.56	58.487	0.541	0.392	0.820
空气质量	72.25	56.269	0.489	0.301	0.841
气候舒适度	73.21	65.212	0.698	0.288	0.825
地域文化特色	73.55	55.923	0.632	0.420	0.815
民风民俗	69.25	67.09	0.665	0.311	0.795
信仰系统	71.22	68.01	0.139	0.214	0.693
居民好客度	72.36	66.62	0.511	0.469	0.814
服务人员水平	70.33	69.89	0.464	0.601	0.763
服务人员态度	73.21	60.213	0.512	0.441	0.821
公众安全感	73.23	59.256	0.489	0.365	0.825
游客反馈与投诉机制	73.21	58.523	0.385	0.488	0.814
就医便利度	70.56	63.28	0.621	0.456	0.789
医疗水平	74.55	60.457	0.656	0.397	0.820
医疗费用	72.08	61.05	0.256	0.401	0.774

由表 6-8 中可以看出,"购物条件""废弃物处理""信仰系统""医疗费用"等指标的相关性均低于 0.3,这充分说明这四项指标和量表中的其他指标相关性太低,故放在量表中不合适,应该予以删除。删除"购物条件""废弃物处理""信仰系统""医疗费用"这四个指标后,可靠性统计情况如表 6-9 所示。

表 6-9 指标重要性可靠统计量(删除相关性低的指标后)

Cronbach's alpha	基于标准化项的 Cronbach's alpha	测量项个数/个
0.869	0.854	24

6.2.4 游客对选择进藏旅游作为目的地的决策因子分析

(1) 效度分析

因子分析的目的在于通过研究变量的相关系数矩阵的内在结构,找出能够涵盖所有变量的少量共同因素,并按照它们的相关性高低对变量进行分组。这样做可以实现组内变量高度相关,而组间变量相关性较低。其基本原理是基于寻找变量之间的公共因子,并通过减少变量数量来简化分析。效度分析在检验所选评估指标是否全面准确地反映旅游地品牌整体水平方面起到关键作用。

当前在研究效度分析的过程中,学者们的主流观点是用 KMO 检验和 Bartlett 检验来体现效度检验。KMO(Kaiser-Meyer-Olkin)值是测量变量之间相关系数的指标,其取值在 0~1 之间,其中 KMO 值大于 0.9 说明非常适合做因子分析;KMO 大于 0.8 而小于 0.9 表示适合做因子分析;KMO 小于 0.5 表示不适合做因子分析(Kaiser,1974)。KMO 值越接近 1,说明变量间相关性越强,调查样本的效度越好。类似的,卡方(Chi-Square)值体现的是 Bartlett 检验结果,通常情况下卡方值应该大于 100,在此基础上其值越大,样本越适合做因子分析。本研究前测的结果见表 6-10。

表 6-10　KMO 和 Bartlett 检验（游客进藏之前的评价结果）

指　　标	数　　值
KMO 值	0.728
卡方值（Chi-Square）	724.160
自由度（df）	105
显著性（Sig.）	0.000

由表 6-10 可以看出，KMO 值为 0.728，卡方值为 724.160；另外，Sig.的值为 0.000，Sig.显著，表明数据取自正态分布。综合以上结果得知，可以做因子分析。

(2) 游客视角的西藏旅游目的地品牌评价因子分析

通过效度分析和检验得知，对游客在进藏旅游之前的西藏旅游目的地品牌评价相关要素进行因子分析是切实可行的，分析结果见表 6-11、表 6-12。

表 6-11　旋转成分矩阵

描述指标	成　　分							
	因子 1	因子 2	因子 3	因子 4	因子 5	因子 6	因子 7
可观赏性	0.791	0.214	0.102	0.058	0.221	0.177	0.245
资源多样性	0.673	0.136	0.023	0.157	0.354	0.251	0.023
旅游线路合理性	0.314	0.225	0.153	0.041	0.069	0.774	0.351
旅游产品价格	0.221	0.307	0.058	0.239	0.301	0.810	0.365
旅游产品质量	0.731	0.021	0.081	0.441	0.221	0.351	0.226
旅游地品牌知名度	0.102	0.817	0.231	0.019	0.023	0.361	0.313
旅游地品牌美誉度	0.210	0.798	0.226	0.104	0.336	0.263	0.341
交通条件	0.412	0.223	0.337	0.759	0.114	0.021	0.025
食宿条件	0.389	0.041	0.032	0.615	0.225	0.033	0.033
娱乐设施	0.147	0.113	0.064	0.698	0.023	0.188	0.045
旅游厕所	0.212	0.381	0.259	0.641	0.450	0.056	0.065

续表

描述指标	成分						
	因子1	因子2	因子3	因子4	因子5	因子6	因子7
沿途服务设施	0.035	0.054	0.325	0.712	0.201	0.029	0.361
空气质量	0.110	0.012	0.766	0.188	0.023	0.018	0.021
气候舒适度	0.263	0.289	0.623	0.044	0.156	0.220	0.036
景观特色	0.201	0.258	0.789	0.048	0.214	0.056	0.101
地域文化特色	0.861	0.350	0.025	0.314	0.089	0.130	0.241
民风民俗	0.058	0.299	0.213	0.412	0.657	0.117	0.044
居民好客度	0.032	0.052	0.061	0.019	0.721	0.258	0.365
服务人员水平	0.316	0.281	0.052	0.011	0.746	0.025	0.365
服务人员态度	0.312	0.225	0.022	0.063	0.875	0.328	0.235
公众安全感	0.249	0.387	0.358	0.141	0.351	0.089	0.745
游客投诉与反馈机制	0.219	0.259	0.047	0.252	0.322	0.423	0.669
就医便利度	0.056	0.087	0.266	0.378	0.598	0.654	0.722
医疗水平	0.314	0.234	0.314	0.021	0.259	0.028	0.662

表 6-12 解释的总方差

因子	提取平方和载入			旋转平方和载入		
	合计	方差的%	累积%	合计	方差的%	累积%
F1	5.851	29.255	29.255	3.645	18.229	18.229
F2	3.401	17.005	46.260	3.461	17.306	35.535
F3	2.802	14.012	60.272	2.633	13.163	48.698
F4	2.304	11.523	71.795	2.411	12.056	60.754
F5	1.805	9.023	80.818	2.308	11.542	72.296
F6	1.425	7.124	87.942	2.009	10.947	83.243
F7	1.026	5.131	93.073	1.966	9.830	93.073

由表 6-11 和表 6-12 可以看出,因子分析的结果是把全部指标聚合成了 7 个不同的因子,在被聚合的每个因子中,信度系数高于 0.6 的指标可以作为该因子的代表,每个具体的因子都包含相应的个数不等

的此类代表。具体分析如下(表6-13)。

①旅游目的地核心资源因子。核心资源因子主要包括可观赏性、资源多样性、旅游产品质量、地域文化特色等4个指标,这4个指标主要涵盖了旅游目的地的资源吸引力,体现游客对旅游六要素中最主要的"游"功能的整体评价。因子1的特征值为5.851>1。核心资源因子的4个指标对总体均值的解释程度最大,可以解释旅游决策者影响因素中29.255%的部分内容。

②旅游目的地形象因子。旅游目的地形象因子主要包括旅游目的地品牌知名度、旅游目的地品牌美誉度2个指标。这2个指标主要展示旅游目的地品牌的外在形象及给潜在游客的外在感知。因子2的特征值为3.401>1,旅游目的地形象因子的2个指标对总体均值的解释程度雄踞第二,可以解释旅游决策者影响因素中17.005%的部分内容。

③旅游目的地空间环境因子。空间环境因子主要包括空气质量、气候舒适度、景观特色3个指标,这3个指标充分展示了旅游目的地的空间环境状况。因子3的特征值为2.802>1,旅游目的地空间环境的3个指标可以解释旅游决策者影响因素中14.012%的部分内容。

④旅游目的地基础设施因子。基础设施因子包括交通条件、食宿条件、娱乐设施、旅游厕所、沿途服务设施5个指标。这5个指标主要体现游客对旅游六要素中的"食、住、行、娱"功能的整体评价。因子4的特征值为2.304>1,在游客未进入旅游目的地之前这5个指标可以解释旅游决策者影响因素中11.523%的部分内容。

⑤旅游目的地服务质量因子。主要包括旅游服务人员态度、旅游服务人员水平、民风民俗、居民好客度4个指标。这4个指标主要反映游客对旅游目的地提供服务的人员友好程度及服务水平等基本服务的期望及感知。因子5的特征值为1.805>1,在游客未进入旅游目的地之前这4个指标可以解释旅游决策者影响因素中9.023%的部分内容。

⑥旅游目的地规划合理性评价因子。主要包括旅游线路合理性及旅游产品价格2个指标。这2个指标主要评价旅游目的地线路设计的合理性及旅游产品价格制定合理性。因子6的特征值为1.425>1,旅

游目的地规划合理性评价因子的 2 个指标可以解释旅游决策者影响因素中 7.124% 的部分内容。

⑦旅游目的地安全保障因子。包括公众安全感、游客投诉与反馈机制、就医便利度及医疗水平 4 个指标。这 4 个指标主要体现游客对旅游目的地在安全和处急应突等方面能力的关切。因子 7 的特征值为 1.026>1,旅游目的地安全保障因子的 4 个指标可以解释旅游决策者影响因素中 5.131% 的部分内容。

(3)游客出游之前对旅游目的地评价的因子分析

对于游客而言,制订出游计划、选择出目的地是最基本的功课。在选择目的地时,主要受两个因素的影响:首先是朋友推荐,这是最能影响游客选择的因素;其次是旅游目的地自身品牌对游客的吸引力,对于从未去过的目的地而言,游客主要依据旅游目的地品牌的影响力来进行取舍。由于品牌包含的内容比较多,而且不同游客所看重的品牌成分也不尽相同,所以有必要依据品牌评价内容来分析游客出游之前对旅游目的地评价情况,具体见表 6-13。

从表 6-13 可以看出,通过因子分析,因子 1 的总体均值最高,达到了 4.675,这充分说明旅游目的地核心资源对游客的旅游目的地选择至关重要,通常是游客在做决策时影响最大的权重。因子 2 的总体均值位居第二,达到 4.123,可以看出出门旅游,目的地形象对游客抉择的影响不可小视,目的地品牌推广也就成为旅游目的地进行品牌营销时不可或缺的手段。即因子 7 安全也被放在了重要的位置,公众安全和就医便利度及医疗水平成为进藏旅游的重要影响因素。因子 4、因子 3 位居中间,因子 5、因子 6 的总体均值比较低,反映出游客出行时对于西藏旅游目的地线路安排的合理性相比较而言没有太高的要求,对于西藏旅游目的地服务质量和服务水平,游客的期望也相对较低。

表 6-13　游客出游之前对旅游目的地评价的因子分析结果

因子	评价指标	因子权重比例	特征值	方差解释占比/%	α信度系数	指标均值	因子均值
因子1	可观赏性	0.843	5.851	29.255	0.694	3.76	4.675
	资源多样性	0.734				3.32	
	旅游产品质量	0.757				3.44	
	地域文化特色	0.854				3.91	
因子2	目的地知名度	0.786	3.401	17.005	0.672	4.17	4.123
	目的地美誉度	0.767				3.98	
因子3	交通条件	0.626	2.802	14.012	0.658	3.57	3.774
	食宿条件	0.543				4.43	
	娱乐设施	0.621				3.92	
	旅游厕所	0.656				4.01	
	沿途服务设施	0.519				3.71	
因子4	空气质量	0.876	2.304	11.523	0.643	3.95	3.941
	气候舒适度	0.735				3.84	
	景观特色	0.802				4.12	
因子5	服务人员水平	0.546	1.805	9.023	0.667	3.65	3.664
	服务人员态度	0.511				3.44	
	民风民俗	0.439				3.35	
	居民好客度	0.569					
因子6	旅游线路合理性	0.668	1.425	7.124	0.639	3.65	3.565
	旅游产品价格	0.769				3.99	
因子7	公众安全感	0.767	1.026	5.131	0.615	3.97	4.027
	游客投诉与反馈机制	0.813				4.21	
	就医便利度	0.808				4.01	
	医疗水平	0.785				3.69	

通过以上分析，可以清楚地了解到，游客在选择西藏作为旅游目的地时，西藏旅游目的地品牌所涉及的不同要素对于游客选择的影响是有差异的，这种差异对于西藏旅游目的地本身而言具有重要的价值：首先，西藏旅游目的地的主体方（政府、景区管理机构、旅行社等）可以大

体把握进藏旅游消费者的消费动机,知晓该旅游目的地哪些要素是重要的,是游客最看重的;其次,可以针对游客的需求,有的放矢,制定相应的营销政策,加大对影响游客抉择的权重较大的要素的培育和完善,提升品牌的整体影响力,为西藏旅游目的地提供有参考价值的营销策略。

第 7 章　基于游客感知的西藏旅游目的地品牌营销策略

西藏是我国旅游资源最为丰富、开发程度最低、受人为破坏最小的地区。西藏一些偏远区域长期与外部环境的联系较少,形成了独特的历史文化。这种独特性为现代旅游者提供了极大的吸引力,并且这种吸引力仍在不断增强。西藏旅游资源的丰富性和独特性,不仅在中国是无与伦比的,在世界其他地区也是难以比拟的。西藏是一个具有巨大旅游开发潜力和开发价值的重要地区,旅游市场前景极其广阔。西藏在加快建设世界旅游目的地的过程中,既要练好"内功",包括继续完善本区基础设施建设、景区配套设施建设,培育高端旅游人才以及深化旅游资源开发等,又要练好"外功",打造特色旅游品牌,做好对外宣传营销,以及开发旅游文创产品等,提升"西藏游"在国际上的知名度,吸引更多来自全球的游客。西藏旅游地应利用这些海外游客的口碑效应,实现二次宣传,在进一步繁荣西藏旅游市场的基础上,推动西藏世界旅游目的地建设的进程。

7.1　西藏建设旅游目的地的可行性分析

7.1.1　全球独一无二的旅游感知资源

虽然不同地区的旅游资源各有特色,但是放眼全球,西藏在旅游资源丰富度、吸引力等方面,仍然属于独一无二的存在。在自然资源方面,有雪山、冰川、湿地、峡谷等;在人文资源方面,有璀璨的藏戏文化、多样的宗教文化、深厚的历史文化;在旅游资源的品位上,包含多个"世界第一",例如世界最高峰、世界最大高原咸水湖、世界第一大峡谷等。这些旅游资源不可复制,吸引着来自全球的旅游爱好者。

7.1.2 较为完善的交通与旅游设施

为了支持西藏社会经济发展,国家一直以来都十分重视西藏的交通建设,目前建成并投入使用的青藏、川藏、滇藏等公路,不仅密切了西藏与内地的贸易交流和人员往来,也成功地将各地的旅游景区联系在一起,为游客带来了诸多的便利。另外,在一些知名的、规模较大的旅游景点,周边配套设备也在逐步完善,像酒店、餐饮等,也逐渐与国际标准对接,能够让来自世界各国的游客都享受到宾至如归的旅游体验。

7.1.3 有一定的旅游营销和区域合作经验

在确定了建设世界旅游目的地的战略目标后,各级政府联合开展了大量的对外宣传营销,使得西藏在国际上的旅游知名度得到了显著提升。近年来,西藏积极参加西班牙马德里国际旅游展、德国柏林国际旅游交易会等国际性的营销活动。同时,借助于"一带一路"建设,西藏与印度、尼泊尔等我国周边国家,也积极开展境外旅游合作。在营销渠道上,树立互联网思维,以官方网站等作为传递旅游信息的重要渠道。

7.2 西藏建设旅游目的地需要克服的障碍

7.2.1 人才方面

随着西藏旅游开放程度的进一步加深,必然会吸引更多来自全国各地和世界各国的游客。这种情况下,除了对西藏各地旅游配套设施提出了更高要求外,旅游管理、旅游服务也需要主动对接国际标准,这就需要一大批优秀的旅游专业人才。但是目前来看,虽然西藏的旅游从业人员呈现逐年递增的趋势,但是素质参差不齐,尤其是高端人才匮乏。例如,很多导游只能熟练掌握英语一门外语。但是西藏要想建设世界旅游目的地,还需要更多掌握小语种的导游,才能迎接来自世界各国的游客。目前,很多导游的知识结构比较单一,虽然取得了导游资格证,但是对于西藏各地的宗教、文化等缺乏深入了解,也无法向国外的游客提供高质量的讲解,对旅游的旅游体验造成了不好的影响。

7.2.2 国际化程度方面

国家在大力发展西藏旅游经济的同时,也致力于建设和谐、安全的西藏。因此,政府在国外游客入藏旅游方面也设置了一定的管控措施,例如需要办理多道手续,以及限定旅游范围等,开放程度远远低于内地的一些省份。西藏对外开放程度和国际化程度不高,还与西藏脆弱的生态环境密不可分。西藏地区的资源环境承载力较低,且一旦遭到破坏,后期想要恢复原貌极其困难。西藏建设世界旅游目的地,若完全对外开放,将会有大量国外游客涌入,对西藏生态环境造成破坏,不利于西藏旅游产业实现可持续发展。

7.3 旅游目的地产品(资源)策略

由前面的实证部分可以得知,通过因子分析发现,因子1(旅游目的地核心资源)的总体均值最高,达到了4.675,这充分说明旅游目的地资源对游客的旅游目的地选择至关重要,通常是游客选择目的地首先考虑的因素。西藏旅游资源主要包括自然景观和宗教文化两个方面。其中西藏高海拔的地质地貌是西藏旅游资源的核心。这种高海拔造就了种类非常丰富、品质独一无二的自然景观,包括雪山、湖泊、冰川、草原、湿地、峡谷等。这些景观在同类产品中都居于极品,例如纳木错、鲁朗林海、雅鲁藏布大峡谷等具有典型代表的景观。

西藏的宗教文化也是吸引游客的重要旅游资源。藏传佛教的虔诚信徒,不惜花时间、资本前去朝圣,也是一道靓丽的风景。总体而言,进藏游客大体被分为朝圣者、游览者和深度体验者三类。根据游客的不同种类,结合资源特色,可以对旅游产品进行分类整合,整合为宗教旅游线路、观光旅游线路、深度体验旅游线路三类产品。

7.3.1 宗教文化旅游

随着西藏旅游的持续升温,藏传佛教越来越受游客的关注,围绕藏传佛教的宗教旅游吸引着越来越多的旅游者。宗教旅游是以文化体验为核心的新的旅游形态。现代都市人的生活普遍较快,特别是一线城市,高强度、快节奏的都市生活在给人们提供丰富的物质享受的同时,也给人们带来了生活和工作的重重压力及精神上的空虚感。长期在这种状态下生活的人们渴望寻求安详静谧的内心世界,藏传佛教心静、平和、与人为善的理念在一定程度上吻合了都市人的这种需求,所以体验宗教旅游成为进藏游客的热点。

宗教是西藏的特色之一,全区现有1700多座保护完好、管理有序的寺庙,僧尼 34000 余人,活佛 350 多名,形成了独特的人文景观。在西藏的地市中,拉萨、日喀则、山南、昌都、那曲五个地市拥有独具特色的宗教文化旅游资源。然而,由于地理环境、经济发展水平和公路交通等多方面因素的限制,那曲和昌都地区的基础设施,包括公路、住宿和交通等方面相对滞后,这对游客的旅游体验产生了严重的负面影响。所以前期应该优先发展经济水平较高的地市,随后再考虑经济欠发达地市。西藏经济较发达的地市主要有拉萨、山南和日喀则,在设计线路时应该重点围绕这三个地市,将其列为佛教旅游规划的重点区域。在拉萨,有许多著名的佛教文化胜地,如布达拉宫、大昭寺、小昭寺、哲蚌寺、色拉寺等。前往日喀则可参观扎什伦布寺、萨迦寺、白居寺,而山南地区也有雍布拉康、桑耶寺、昌珠寺等景点。具体旅游行程为:参观拉萨的布达拉宫、大昭寺、八廓街、小昭寺、色拉寺;前往日喀则游览扎什伦布寺、夏鲁寺、江孜白居寺,最后在山南地区游览雍布拉康、桑耶寺、昌珠寺等。开发 3~5 天的佛教文化旅游线路形成了"三地联动",串联出独具特色的佛教旅游景区。

在旅游的过程中,可以充分满足游客对佛教的崇拜和好奇之心,增加更多的体验环节。例如可以让寺庙的主持给游客讲授藏传佛教的发展历史以及教义和教规等,让游客更多地了解藏传佛教的来龙去脉。对于一些有佛教知识基础的游客,可以提供一些深度体验的项目,比如让游客亲自参与诵经、辩经等活动。

宗教旅游线路除了满足部分游客朝圣之外,还可以满足世俗游客通过参观宗教建筑,了解寺院的历史、艺术,从而深入体会宗教文化的传承与建构,改良世俗游客的人生观和价值观。当游客看到虔诚的佛教徒在路上或寺庙周围磕长头朝拜,在朝拜的路上有的佛教徒倾其所有甚至付出生命都无怨无悔,这从一定意义上可以荡涤游客的心灵。还有,当游客看到路上接连不断的转山者,看到藏民安静地诵读经文转经筒,会使游客重新定义生命的意义。总之,要通过宗教旅游线路,使游客深刻体验西藏的宗教文化对自身心灵的净化,体验到远离喧嚣的生活。

7.3.2 观光游

西藏旅游的主打产品是观光旅游,具体包括自然景观、人文古迹、民族风情观光。从数据分析可以看到,游客对西藏的自然风光、宗教建筑、雪域风情的主要吸引物有着高度的认同感。西藏具有广袤的地域,其独特的高原地质地貌被誉为世界"第三极",其自然景观极具观赏价值。西藏自然景观主要有山峰和湖泊以及这种自然景观孕育的独特的生物群落。

西藏的山峰和湖泊分布非常广泛,西藏山峰的数量与海拔高度堪称世界之最。在全世界,海拔在 8000 米以上的山峰共有 14 座,其中有 5 座分布在西藏境内,海拔 7000 米以上的高山有 50 多座。西藏湖泊著名的有班公错(阿里)、巴松错(林芝)、当穹错(那曲)、玛旁雍错(阿里)、羊卓雍错(山南)、波密古乡湖(林芝)、拉昂错(阿里)、纳木错(那曲)、错那湖(那曲)、当惹雍错(那曲)等。西藏高原特有的地理和气候除了造就独一无二的自然景观外还孕育了独特的生物群落,这种绝美的搭配简直就是奇迹。西藏高原拥有众多的稀有珍贵物种,动物如藏羚羊、野牦牛、黑顶鹤、藏野驴、赤麻鸡等,植物如虫草、藏红花、灵芝等,都是高原特有的物种。美丽的自然景观被特有的动物和植物所点缀,到处都是令人陶醉的画面,极具生态观光价值。在旅游线路设计上,应该以拉萨为中心,结合山南、日喀则的区位优势设计 3 日游路线,并且以拉萨为中心,设计辐射那曲、阿里、林芝等地区的 3~5 日旅游精品路线,做到点与面的结合。

发展跨境旅游,大力开拓海外客源市场。美国、日本、德国是最重要的传统客源国,还有法国、意大利、荷兰、澳大利亚、加拿大紧随其后。近年来增长较快的韩国、印度、西班牙和俄罗斯市场也不可小觑。西藏应以欧洲、北美洲和大洋洲入境客源市场为主,结合不同国家旅游者的文化习俗、旅游目的、消费水平、特种兴趣等差异推出不同的旅游线路套餐方案;高标准、高起点、高水平制定西藏对外旅游开发计划,全面规划和精心设计区域内的旅游线路,打造独具西藏特色的国际旅游目的地品牌。

跨境旅游应以政府间合作为平台,与邻近国家进行国际旅游合作。如与尼泊尔、印度合作,共同营造以宗教旅游线路和高山生态旅游为特色的"喜马拉雅"跨国旅游线路,重新逐步开放边境口岸,加强边境口岸的建设,共推西藏国际旅游新产品。

7.3.3 探险游

西藏地区以高海拔、缺氧、气候变化大为特点,对一般游客是一种挑战,但是对于酷爱冒险的游客而言,西藏是探险的福地。随着登山、探险、徒步等专项旅游的兴起,西藏旅游可以专门开辟探险之旅线路,迎合国内外挑战极限、挑战自我的游客的需求。西藏拥有"世界屋脊"的美誉,比较著名的山峰有珠穆朗玛峰(海拔 8848.13 米)、洛子峰(海拔 8516 米)、马卡鲁山(8463 米)、卓奥友峰(8201 米)、西夏邦马峰(8012米)、南迦巴瓦峰(7782 米)、冈仁波齐峰(6638 米)等。这些山峰分别位于拉萨、日喀则、林芝、山南、阿里等地,可以根据游客的时间,以拉萨为中心设计几条去往不同神山的旅游线路满足不同游客的需求。西藏旅游可以开发以珠峰大本营、希夏邦玛峰为基础的登山旅游产品,组建专门的登山旅行社,有专业的导游、医护陪同,满足登山爱好者的需求。由于这些神山的最佳登山时间基本都在每年的 4~5 月和 9~10 月,所以这种探险游的设计可以错开观光游的旺季(6—8 月),为进藏错峰旅游开辟新途径。另外,还可以开发徒步探险游,雅鲁藏布大峡谷是世界第一大峡谷,其深度、长度均远远超过了秘鲁的科尔卡峡谷和美国的科罗拉多大峡谷,是一个探险的绝佳选择。还可以充分利用藏北无人区、阿里无人区的资源开发新产品,激活西藏徒步探险游的市场,提升西藏旅游产品的种类及参与性。

7.3.4 深度体验游

以前游客出游主要以观光为主,最近几年随着国民收入的增长及消费的升级,休闲游和深度游成为旅游市场的一个亮点。对于进藏游客而言,深度旅将会使游客获取更多的性价比。通过旅游时间的延长,游客除有机会更多地体验自然景观外,还有机会充分了解当地的民族风情及藏文化、宗教文化的博大精深,满足其广泛的精神需求。比如,游客在旅游的过程中会对西藏佛教的艺术品赞叹不已,可以专门开辟向游客展示擦擦、唐卡、酥油花的制作工艺流程的一个场所,增加游客对藏族艺术品的了解。可以向对西藏文化兴趣浓厚的游客,提供亲手参与制作的机会,增添体验的乐趣。

藏民族传统节日非常多,而且每个节日都有盛大的庆祝活动,如赛马、射箭、碧秀(响箭)、吉韧(藏式克郎球)、朵加(抱石头)、古朵(用牧鞭掷石头)、北嘎(藏式摔跤)、押架、赛牦牛、跳远、马球、拔河、爬杆、锅庄等,非常丰富。这些古老的庆祝活动极具民族特色,可以让游客积极参与进来,游客一方面可以增强深度体验,另一方面可以更深入地了解古老的藏民族的民俗民风。可以大力开发西藏乡村旅游产品,在西藏土著文化的基础上通过开发具有鲜明的民族性、传统性、观赏性、娱乐性及参与性的旅游产品,拓宽乡村旅游产品层次,与文化产品相结合,通过游客的观赏及深化旅游者的体验,增加旅游产品的吸引力。

7.4 旅游目的地品牌形象策略

由前面的实证部分可以得知,通过因子分析,因子2(旅游目的地形象)的总体均值排名第二,达到了4.123,这充分说明除了旅游目的地资源对游客选择旅游目的地至关重要外,旅游目的地品牌形象也不容忽视。围绕旅游目的地品牌形象,做好准确的形象定位,设计鲜明而有特色的形象标识,是打造旅游目的地形象的利器。

7.4.1 西藏旅游目的地品牌形象定位

2010年,中央第五次西藏工作座谈会提出要"做大、做强、做精西藏旅游业",将西藏建设成"重要的世界旅游目的地"。西藏自治区"十二五"规划明确提出将旅游业作为战略性支柱产业,以强化其在支柱产业中的作用。西藏自治区"十三五"规划要求,"做大做精旅游文化产业。把旅游业作为经济发展的主导产业加以培育壮大,带动其他产业发展。坚持'特色、高端、精品'导向,提升'人间圣地·天上西藏'整体形象,塑造旅游品牌,建设重要的世界旅游目的地"。

游客进藏都是被西藏美轮美奂的自然风光和荡涤人心灵的藏传佛教文化所吸引,所以西藏旅游目的地应该紧紧围绕这样一个主题进行形象定位,可以将西藏旅游目的地形象定位为"视听天堂,心灵高地,令人魂牵梦绕的地方"。视听天堂是人们能看到的绝美的自然景观以及藏民族能歌善舞的民族文化;心灵高地是指佛教文化对游客心理的慰藉和安抚。传统的"雪域风情、大美西藏""人间圣地·天上西藏"等定位给游客形成了一种刻板的印象,给人感觉进西藏旅游比较单一化,也不能涵盖西藏旅游资源的全部特色。因此建议以"视听天堂,心灵高地"来塑造一个满足游客多种需求的全新的西藏旅游形象。

7.4.2 西藏旅游目的地品牌视觉识别符号系统

旅游品牌视觉识别符号系统是将旅游品牌进行可视化、形象化的一种表达方式。旅游品牌视觉识别符号系统的具体表现形式包括过目不忘的Logo、标语、口号或醒目的标志性建筑等。这些看似不同的视觉识别元素,其设计理念必须具有内涵和外延的一致性,有助于游客形成对旅游目的地整体的一致认知,提高游客对旅游目的地环境的感知。

另外通过内涵和外延统一的设计理念，以不同形式体现的视觉标识可以给游客带来更强烈的视觉冲击，加深游客对旅游目的地的印象。视觉识别符号系统的基本要素包括标徽（或图案）、色彩、字体、象征性吉祥物、象征性人物、户外广告、纪念品等。

标徽。标徽是旅游形象的标识物，是使游客能区分不同目的地的醒目的符号。西藏旅游目的地标徽的设计要突出西藏旅游资源的特色和西藏文化的特色，通过艺术加工、组合、抽象形成特有的标志性的图案。依据西藏高原自然景观和藏传佛教文化两大主题，对于西藏旅游目的地标徽的设计可以从这两个方面萃取相应的元素通过叠加抽象出自己的标徽。可以将体现雪域高原的"雪莲花"和能体现藏传佛教文化的"转经筒"作为设计原型，通过艺术的叠加设计出独具特色的能充分体现西藏旅游资源优势的标徽。

标准字体。为了突出标识的统一性，西藏旅游目的地全域景区所有的指示牌、路标、导游图等都应用汉、藏、英三种文字进行标注。汉、藏文字可以聘请在各自领域具有较高威望的书法家题写，这样显得更有文化底蕴。英文字体则根据美观的需求灵活选用。但要注意，一旦确定好不同文字的字体之后就要固定下来，作为规范模板统一使用，在主要的景区、机场、车站等地方和标徽结合起来使用。

旅游目的地形象代言人。形象代言人在其他领域的应用非常广泛，但对于旅游目的地而言启用形象代言人相对较少。西藏作为一个非常有特色的旅游目的地，应该聘用在公众心目中具有正面形象和良好口碑的知名人士作为其形象代言人。

象征性吉祥物。随着旅游业的发展，象征性吉祥物作为旅游目的地配套的衍生物随之诞生。每个旅游目的地都有自己独特的生态系统，在这个生态系统中，很多活泼可爱的动物作为人类的朋友而被视为吉祥物。例如新西兰塔拉斯的吉祥物为"史莱克羊"，澳大利亚维多利亚市的吉祥物为"帕特里克袋熊"，苏格兰圣安德鲁斯的吉祥物为"麦高酷猫"，张家界武陵源风景名胜区的吉祥物为"仙山神猴"，北京故宫曾推出吉祥物"龙壮壮""凤美美"等。通过运用生动活泼的吉祥物作为形象代言,可以宣传旅游地的独特个性。这种创意手法能够轻松赢得公众的喜爱和认可,达到广泛传播的效果,进而加强游客对旅游目的地的认知和记忆。

在西藏,牦牛这个精灵是藏族先民最早驯化的牲畜之一。牦牛憨态可掬的外形,温顺、善良的性情和吃苦的精神对于主要以游牧为生的藏民族而言其重要性不言而喻。藏牦牛忍受力极强,在高原缺氧、寒冷的极端气候环境下依然可以负重前行,为藏民族的生活立下了汗马功劳。在藏民族的生活中,牦牛是怎么都绕不开的动物,它除了为生活在高原上的牧民提供衣、食、住、行外,还产出牦牛奶、牦牛肉、牦牛皮做的服装等,同时是牧民们的精神寄托,成为一代一代在青藏高原上繁衍生息、发展成长起来的藏民族生命与力量的源泉。受印度佛教文化的影响,藏族从远古以来就崇尚白色,而白牦牛更被认为是藏族山神的化身,所以用白牦牛作为西藏旅游目的地象征性吉祥物既有美丽的传说又能代表西藏高原的特色。

纪念品。有特色的纪念品是旅游目的地会说话能走路的活广告。旅游纪念品可以被游客从旅游目的地带往不同的地方,是旅游地向外传播的形象符号,是体现、延伸、传播旅游形象的最佳载体。旅游纪念品在品种选择上应该下点功夫。西藏在选择旅游纪念品时,应挑选一些最具代表性的产品,突显当地的特色。在包装设计方面,首先要考虑突出西藏的地域特征,尽量涵盖更多独具藏文化特色的元素。元素越丰富、越独特,越能够增强西藏旅游目的地形象的传播力,进而达到更好的传播效果。其次从产品的包装、档次、类别等不同方面进行分类,用来满足不同游客的多样化需求,做到收藏性与实用性相结合,使得不同类别的游客都能选择适合自己的一款纪念品。虫草、藏红花、牛角梳、藏香、藏毯、佛像、唐卡、转经轮等是诸多纪念品中不错的选择。此外,西藏还应强化景区门票、旅游纪念章、风景明信片、西藏旅游名片等的设计和开发工作。

7.5 西藏旅游目的地品牌传播策略

在旅游景区发展过程中,旅游目的地品牌的重要作用日益重要愈发受到旅游企业与景区管理人员的重视。旅游目的地品牌的传播不再仅仅由传统的符号、图案等要素组成,更应包含其所提供的产品、服务、经营管理、企业文化、品牌形象以及它们之间的组合应用。西藏作为旅游胜地,因特殊的地理环境,其旅游目的地品牌传播对促进当地旅游业发展具有举足轻重的作用。本节旨在探讨西藏旅游目的地品牌传播策略,以促进西藏旅游目的地自身品牌的塑造与传播。

7.5.1 旅游目的地品牌传播的内涵及理论基础

(1) 品牌传播的内涵

所谓"品牌传播",是指品牌拥有者与内外部目标受众通过广告、营销活动、公共关系、人际传播等多种传播策略和工具所进行的一系列品牌信息交流活动,旨在打造品牌,维持品牌与消费者及其他利益相关者的良性互动,提升目标受众对品牌的了解、认同、信任和体验,从而优化品牌资产。吴小天(2013)认为旅游品牌传播就是为了让游客了解目的地吸引力特征,利用各种信息传播渠道与目标市场进行沟通。这个定义清楚地解释了旅游品牌传播的内在意义。在总结前人研究的基础上,本研究认为,旅游目的地品牌传播是指为了建立旅游主客体之间的情感联系,达到品牌宣传和推广作用,利用各种传播渠道和策略与目标市场进行持久、统一的信息沟通的过程。品牌传播是品牌战略的重要组成部分,是品牌营销的核心工作,是建立品牌与消费者关系的桥梁。品牌传播可以使目标受众获得清晰、稳定的品牌信息,形成强大的品牌识别力,积累品牌资产,实现有效的品牌传播,在品牌建设和维护的过程中具有重要的战略意义。

(2)品牌传播的理论基础

旅游目的地品牌流行度曲线理论认为,旅游目的地品牌的生命周期要经历五个阶段:导入期、成长期、成熟期、衰退期、复兴期。在导入期,品牌的知名度较低,品牌初次与游客接触。在成长期,品牌已经有了一定的名气,旅游目的地成长为新型旅游地。在成熟期,品牌已经成为一个知名品牌,这一阶段,旅游地占据稳定的市场份额,并且已经被大众所熟知和喜爱,可以说名声远扬,同时品牌资产经过不断积累已经形成规模。在衰退期,品牌美誉度和消费者忠诚度呈现下降趋势,旅游地发展处于停滞阶段,应该及时进行品牌形象维固、市场的预测和评估。在复兴期,为了使品牌保持现有发展或更进一步发展,旅游目的地要依据市场和政策等外部环境以及目的地内部小环境的变化,进行品牌换代更新,对不合时宜的品牌文化和品牌理念进行更改,但也不要轻易改变品牌显性元素。

7.5.2 西藏旅游目的地品牌感知传播构建途径

(1)西藏旅游品牌形象传播的动态化设计

品牌形象动态化设计旨在通过动态的方式传达品牌信息,引起消费者的关注,使其能够迅速辨识品牌并有效地进行产品宣传。这种动态化的品牌设计不仅是品牌视觉形象设计的未来趋势,而且代表着品牌视觉形象设计从静态到动态的发展方向。这种发展趋势一是由传统媒介向新媒介转变,它的设计更多地关注人们的视觉效果与吸引力,以突破常规的形态,展现个性。比如《又见敦煌》这样的场景剧,就比静态的画面更具视觉效果。西藏也可以采用同样的方法,将题材内容传递给大众。二是由平面向多维转化,也就是在与观众交互的过程中,引进多维的空间，让公众在品牌形象传播中参与其中，赋予他们一定的话语权。这样一来，公众不仅仅是信息的接收者，还成为信息的传播者。

(2)西藏旅游品牌形象传播的情感化设计

美国唐纳德·A.诺曼博士将情感分为本能层次、行为层次、反思层次三个方面，这为品牌形象传播中的情感化设计做了铺垫，相应的，情感化设计也分为本能层次、行为层次和反思层次。游客为逃避、求异或者其他的旅游动机所产生的"我想要出去旅游，我需要为我的生活增加调味剂"便是潜在的本能层次；在旅游过程中人和事的接触、文化的互动便属于旅游的行为层次；到达旅游目的地后，产生"我以后还会再来玩"或是"以后再也不想来了"便是旅游的反思层次。不同类型的产品都应该注重人的情感的注入，做到"以人为本"，根据其自身形象着重打造、推销它自身所具有的地方感。对于西藏而言，在本能层次上，可通过新媒体向游客传递美好的西藏形象，激发游客的本能情感；在行为层次上，应该完善旅游中的基础设施，保证旅游者的旅游体验；在反思层次，应该通过网络或者问卷，针对性地对游客进行满意度回访。

(3)西藏旅游品牌形象后台可视化设计

西藏吸引人的地方，除蓝天、白云、宗教文化外，旅游者在很多时候也喜欢去了解生活在雪域高原之上的人，了解他们平时的生活、他们的文化。随着时代的变迁，"真实文化"肯定是在不断变化的，旅游者对当地的"真实"进行旅游凝视显然也是不容易的。杨振之(2005)借鉴"舞台真实"理论，将旅游目的地划分为"前台"和"后台"两个部分，并在此基础上增加了"帷幕"区，提出"前台、帷幕、后台"开发模式。在旅游品牌形象传播中，我们可以适当地拉开"帷幕"，将旅游的"前台"与"后台"一体化。这里我们可以借鉴优秀的纪录片如《舌尖上的中国》，从食材的获取，到处理，再到美味佳肴呈现到餐桌之上，节目组通过前后台一体化，将后台也展示出来，能够大大提升节目的吸引力和关注度。西藏在品牌传播的时候也可以适当地展现当地人的生活面貌。同样的，西藏有众多的手工艺品、纪念品，如牛角梳、羊皮画、藏香、众多宗教纪念品等，在宣传的时候可以将工艺品的选材、制作过程展现在公众眼前，增加吸引力。

(4)西藏旅游品牌形象传播的符号设计

千百年来，西藏这个神秘的雪域高原以地区海拔最高的陆地著称，成为世界各种肤色的人心之神往的地方，同时也在净化着每一个在这块土地上留下足迹者的灵魂。西藏的古与今、景与人、峰与湖、神与俗都是西藏的意象，阳光、笑容、布达拉宫、伏身叩拜者……无一不在吸引着那些向往雪域高原神秘美景、追求享受纯净甚至是寻梦之旅的人。对于"西藏旅游"，这些就是它的标签、它的符号。旅游品牌同样也需要有自身的视觉识别符号系统。符号系统是将旅游品牌进行可视化、形象化的一种表达，具体可以包括过目不忘的 Logo、脍炙人口的旅游宣传语或口号，醒目的标志性建筑，象征性的吉祥物等，这些符号元素有助于游客对旅游目的地有一个整体统一的认知，提升游客对旅游目的地环境的感知。在对品牌进行符号化设计的时候，一定要注意符号所传达的意义与西藏的内涵相契合，符号、宣传语的设计要给游客带来强烈的视觉或听觉冲击，让游客对西藏旅游目的地印象深刻。

(5)西藏旅游品牌形象传播的危机公关设计

危机公关也是西藏旅游品牌建设的一大重要突破口。西藏因美丽和神秘而成为很多人的梦想旅行地。但是随着前往西藏游玩的人越来越多，无规律的人口的大量涌入，旅游者的不文明行为，给生态环境本就脆弱的西藏带来严重的破坏；当地居民拦截要钱，不给钱就刁难；超高物价，缺乏管制，恶意对待游客……各种负面新闻导致西藏的旅游品牌形象面临危机公关考验。这些负面的事件被媒体曝光后，西藏旅游市场受到了很大的影响，同时也说明西藏在危机公关方面存在严重的问题。目前,西藏经济正处于蓬勃发展时期,但是经济的发展绝不能以破坏环境为代价。不仅要求各级管理部门,更要求当地居民和旅游者携起手来,共同保护生态环境,保护我们美丽的西藏,让干净清澈永远成为西藏的代名词。

7.5.3 西藏旅游目的地品牌感知传播理念

(1)精准定位,打造特色

西藏旅游资源丰富,人文资源、自然资源交相辉映。在建设世界旅游目的地时,应注意挖掘和发挥不同地区的资源特色、区位优势,走"差异化"发展道路,营造一种百家争鸣、百花齐放的旅游发展态势。从营销宣传角度来说,只有实现精准定位,形成具有特色的旅游品牌,才能让宣传内容更加丰富和充实,进而对游客产生更强大的吸引力。例如,以拉萨的甘丹寺、色拉寺,日喀则的扎什伦布寺、夏鲁寺等知名寺庙为基础,挖掘宗教文化资源;以喜马拉雅山、雅鲁藏布江等高原景观为基础,挖掘自然生态资源;以佛教典籍、雕塑壁画、藏族服饰等为基础,挖掘民族艺术资源。一方面要培育特色、精品旅游资源,开展营销宣传,提高西藏旅游知名度和吸引力;另一方面要进行资源整合,打造精品旅游路线,提高旅游资源开发利用水平。要依托西藏得天独厚的自然资源和人文资源,持续推进西藏旅游改革发展,继续沿着"优化结构、转型升级、提质增效"的发展主线,将创建国家级旅游精品景点作为发展重点,争取把青藏旅游经济带建设成为世界"样板旅游经济带",将中国香格里拉生态旅游区建设成为世界"样板旅游区"。

(2)科学规划,培育新的旅游消费热点

调查显示,目前西藏全域旅游的气氛不够浓厚,不能够有效整合现有资源,部分地区还是存在"单打独斗"的情况;同时,区内各项政策与措施以及管理条例等规定不健全、不完善，跟不上时代发展的潮流，部分旅游企业体制也不完善。为此，要做好旅游安全标准化建设工作，让诚信旅游、规范市场成为常态，对削价竞争、"四黑行为"（黑社、黑车、黑导、黑店）进行严肃整顿。

除了挖掘现有的人文资源、自然资源外，还应当树立创新思维，着力培育一些特色化的旅游消费热点。西藏各地有着历史悠久且形式多样的文化节日，如珠峰文化节、江孜达玛节、那曲赛马节、拉萨雪顿节等等。在营销宣传中，利用这些载歌载舞的节日表演，可以向旅游爱好者展示丰富多彩的藏文化。应以旅游营销为契机，大力开发创意旅游产品，例如日喀则的唐卡、藏刀，以及藏族服饰及其金银装饰品等等，都可以作为旅游纪念品出售。一方面可以增加景区的旅游收入，另一方面这些独具创意、制作精美且蕴含特殊文化的纪念品，本身也能够对旅游业发挥一定的营销、宣传作用。

（3）尝试多种营销宣传渠道

目前西藏旅游营销宣传仍以传统的线下宣传渠道为主，例如组织一些民间艺人、传承人，或是文化社团等，通过巡回演出等方式进行宣传推广，或是利用电视台、广播、报纸等传统媒体开展宣传。线下营销虽然也能够达到一定的营销效果，但是通常只能在国内发挥较好的效果。而西藏要想打造成世界旅游目的地，提高国际知名度，吸引更多海外游客，就必须尝试更多的营销渠道，提升国际宣传效果。例如，可以充分依托"一带一路"，无论是国内企业"走出去"，还是国外企业"引进来"，都可以将这些企业作为西藏旅游宣传的重要平台。另外，也要尝试开辟"线上"营销渠道，利用国际上一些知名的网站、平台，例如 X、Facebook、TikTok 等，将西藏的一些精品旅游资源以图片、视频的方式在这些网络平台上呈现出来，这样能够起到很好的宣传效果，尤其是对国外的年轻旅游爱好者产生吸引力。

(4)打好"走出去"与"请进来"组合拳

西藏应结合本地特色,以本地优势文化和原生态的魅力,走"高端、精品、特色"发展之路,提升西藏旅游热度,形成浓烈氛围。进一步打造、完善拉萨国际旅游城市和林芝生态旅游大地区建设,提升珠穆朗玛、雅鲁藏布大峡谷、神山圣湖等国家公园建设,提升象雄文化、雅砻文化、茶马古道、羌塘野生动物观光走廊建设。认真分析现阶段西藏旅游业发展实际状况,将"走出去"与"请进来"紧密结合起来,为西藏地区旅游发展制定出具体措施。开展宣传推介活动,讲好西藏故事,传递西藏声音,让更多人了解西藏、认识西藏、爱上西藏。利用好名人效应,加大媒体宣传力度,让名家对西藏进行写、画、唱,创造出一批易于流传、脍炙人口的诗词歌赋,营造西藏舒心、愉悦的旅游环境。

7.5.4 西藏旅游目的地品牌传播渠道

(1)电视及新媒体推广

这里的媒体传播主要包括传统的媒体和互联网、自媒体等新媒体。西藏旅游品牌形象的传播要充分利用电视、报纸、图书、杂志、广播、街头广告等传统的媒体开展品牌传播,包括形象宣传片展示、制造热点新闻、与电视旅游节目做植入式广告、通过明星代言、为电视剧提供拍摄场地等等,以此来提升景区品牌传播效果。要善于借助网易、搜狐、新浪等大型的开设了旅游专题的门户网站,利用其庞大的用户基础和访问量,扩展景区品牌传播渠道,形成强势的移动媒体传播效果。同时,还要乘着"短视频"经济的大势,充分利用自媒体吸引大众关注,基于短视频庞大的用户群,可以吸引更多有同种旅游动机的旅游者加入其中。

电视媒体作为大众媒体之一,由于具有图、文、声并茂的特点,在旅游目的地品牌推广过程中具有不可替代的作用。具体而言,电视传媒能综合运用语言、声音、文字、形象、动作、表演等综合手段来宣传旅游目的地的特色,具有很强的艺术感染力。电视媒体特别是中央电视台和知名的地方卫视由于宣传范围广、宣传效率高,目前是旅游目的地进行对外宣传的主战场。西藏旅游目的地可以根据自身的资源优势,拍摄高水平的景区广告宣传片,突出旅游景区标识和形象代言人的作用,在中央电视台一套、中央电视台新闻频道及地方知名卫视的合适时段播放,提升西藏旅游目的地的知名度和影响力。另外,通过电视宣传片的推广,使得受众能感受到旅游目的地真实的风景,将目的地最美的一面以最直接的、最具视觉冲击效果的方式展现给目标受众,博取受众的心灵震撼,激起受众出游的欲望。除此之外,还要充分利用网络媒体开创西藏旅游新平台、新阵地,比如可以通过微博、微信、客户端等方式不拘一格展示西藏独特的自然风光和神秘的佛教文化,提升西藏旅游的影响力。

(2)院线推广

近几年在我国,随着电影技术蓬勃发展,电影票房连续攀升。当今电影的制作,伴随着各种炫目的视觉特技及高科技的灯光音响,加上3D效果的烘托,给观众以身临其境的感觉,让都市越来越多的朋友又重新走进电影院。以电影为媒介的院线推广具有广阔的市场前景。院线的目标客户主要是"80后""90后"甚至是"00后",这些人是进藏旅游的主力军。院线推广改变了传统电视媒体宣传的弊端,实现了精准推广。播放前的黄金时段带来的视觉冲击力最强,宣传片中的信息能百分之百传达给受众,获得最大的推广效益。可以制作3D格式的景区宣传片,通过高质量的画面及震撼的视听效果来渲染进藏旅游的氛围,宣传西藏旅游,吸引院线观众成为西藏旅游的潜在客户。

(3)影视推广

西藏旅游资源极其丰富,山川、湖泊、湿地、草原应有尽有,自然景观观赏性和镜头感特别突出，这些宝贵的资源可以作为影视拍摄取景的绝佳场所。例如《西游记》在九寨沟、甘肃敦煌雷音寺等地的拍摄都为当地旅游发展做了很好的宣传。由张艺谋执导的《满城尽带黄金甲》的外景地重庆武隆的"天生三桥"景区，随着影片在全球的公映，游客量成几何倍数增长，成为游客旅游的热点。2015年2月26日，根据路遥先生同名小说改编的电视剧《平凡的世界》在国内多家电视台开播，让这部曾风靡一时，影响了无数青年人的文学巨著再一次以另一种形式展现在世人面前。随着电视剧的热播，位于陕西省榆林市绥德县满堂川镇的郭家沟村因其是"双水村"的取景地而低调走红。郭家沟村现已成为当地知名的旅游景点。西藏文旅相关部门可以加强对外联络，积极邀请海内外影视制作公司进藏拍摄取景甚至建立拍摄基地及影视制作基地，通过镜头及影视情境的展示来凸显西藏旅游目的地的魅力。

（4）节会推广

"节会"即"节日庆会"的简称，它包含了众多传统的和创新的节日以及各类会事。从传统文化的角度来看，节会在我国的历史非常悠久。延续至今仍对当代人的生活有着重大影响的节会有春节、端午节、中秋节及各种地方庙会等。从本质上来看，节会其实就是一种聚会，它是一种社会化、人文化的人类活动方式。人类社会在繁衍的过程中分化出了众多的民族，不同民族由于地理环境、人文环境的差异而逐渐形成各自独具特色的民俗民风，形成许多各不相同的节会。在人类文化发展的历史长河中，节会和文化交流相互促进、交相辉映：一方面，节会带动了文化的发展，促进了文化的交流；另一方面，文化又反过来滋养了节会的内涵，使得节会更具感染力和生命力，文化的繁荣进一步带来了节会的兴盛。

旅游热点事件和西藏的传统节日也是传播西藏旅游形象的途径之一。近年来，西藏也在着力打造民族节庆品牌。西藏的藏历新年、雪顿节、林卡节、酥油花灯节，吸引着越来越多的国内外游客。西藏要充分利用这些人流多、信息流动大的活动充分展示自身独特的自然景观和优秀的传统文化。在进行事件营销的过程中,景区管委会扮演着非常重要的角色,应与各地旅游局对接、开办或参加各类旅游推介会及旅游博览会,或是联合其他相关部门,策划举办和承办各种活动,以达到公关推介传播的效果。在展会或是活动举办的同时,可以邀请各地媒体记者、微博"大V"参与体验和游览,对景区进行软文推介。除了西藏传统的节日之外,还可以"无中生有",举办线上线下的西藏主题摄影比赛、路线设计比赛等,顺势推出西藏的旅游景点。事件营销,要借助媒体之手、事件营销之势,将西藏的品牌形象传播出去,提高品牌形象传播的效果。当然,前提是要更深入地挖掘西藏传统节日的文化内涵,不断推出富有特色的文化旅游节庆活动,吸引大众眼球。

随着中国经济的发展及国民旅游热的兴起,不同的旅游目的地通过搭建各种大型节会活动来宣传其特色的旅游资源成为推广城市形象的重要手段。通过节会的举办,可以刺激消费,助推地方经济发展;还可以提升举办地对外形象,提升地方知名度和影响力。大型节会活动已经成为各地推动旅游发展、促进城市营销、带动产业发展和宣传城市(地区)特色文化的重要手段和方式。

为了适应西藏经济的发展,近些年又新成立的节会也不少,例如中国西藏旅游文化国际博览会、中国西藏发展论坛、昌都茶马文化艺术节等。这些节会规格高、参会人员规模大、影响力空前。其中中国西藏旅游文化国际博览会(以下简称"藏博会")迄今已举办过4届。"藏博会"以"自然、人文、魅力西藏"为主题,充分展示了西藏自治区独特的自然景观和优秀的传统文化。近几年西藏旅游文化的知名度也在不断提升,这对于提升西藏旅游业的竞争力和影响力,推动西藏旅游与文化产业等相关行业的深度融合,传承和发扬少数民族优秀文化,推进西藏成为世界旅游目的地和具有中国特色的文化遗产地具有重大意义。中国西藏发展论坛开辟了西藏对外交流的另一个窗口,搭建了宣传西藏的国际平台。首届中国西藏发展论坛于2007年11月29日至30日在维也纳举行,来自中国、奥地利、德国、希腊、保加利亚、挪威、韩国、印度及联合国工业发展组织的官员、学者、企业代表等出席论坛。第二届中国西藏发展论坛于 2009 年 10 月 22 日至 23 日在意大利首都罗马举办；2011 年 11 月 10 日在希腊首都雅典举办了第三届中国西藏发展论坛，与会各界人士就西藏经济社会发展、文化传承、环境保护、教育、旅游业发展以及吸引外资等议题展开探讨。2014 年 8 月 12 日至 13 日第四届中国西藏发展论坛在西藏自治区首府拉萨举行。2016 年 7 月 7 日至 8 日，第五届中国西藏发展论坛在拉萨举办，来自 30 多个国家和地区的 130 余位专家学者和相关人士，以"西藏发展的新阶段——创新、协调、绿色、开放、共享"为主题进行了为期两天的议程讨论，并达成《2016·拉萨共识》。由于中国西藏发展论坛紧紧围绕西藏议题，在世界不同城市举办，迅速提升了中国西藏地区的知名度、美誉度，对西藏旅游、文化在世界范围的传播起到了推波助澜的作用。

节会对于西藏旅游目的地的宣传和推广发挥了重要的作用，今后要深度挖掘西藏的自然景观资源和文化资源，利用好节会的平台，吸引更多的游客来西藏观光旅游。还可以根据时代的发展，在特殊的日子和事件上设立新的节会，充分发挥节会对于西藏旅游的引擎作用。

(5) 组织专门的公关活动

在品牌传播过程中，广告对目标受众的品牌认知起着重要作用。为了更进一步激发目标受众的情感需求和消费行为，需要开展相关的公关活动，提升品牌的知名度。广告大师奥格威认为，决定品牌市场地位的最终因素是品牌的整体特征，而非微小的产品差异。通过公关活动，可以直接与公众接触，实现双向或多方位的沟通，从而提升品牌形象，丰富品牌内涵。西藏旅游目的地除了依靠以往的公关活动（如西藏的传统节日花灯节、赛马节等）带动西藏品牌的传播，传承民俗文化外，还可以通过独特的创意视角，适时组织和引导具有代表性意义、能够突出西藏旅游品牌和西藏文化的主题活动，以提升自身品牌价值，同时对西藏的区域形象起到宣传作用。

(6) 借助口碑传播

传统的旅游口碑传播主要是通过口口相传,通过亲人推荐,通过好友介绍,这些形式虽然没有媒体传播的范围广,但是会达到意想不到的传播效果。如今当口碑与互联网相结合,就产生了网络口碑,这也是当今旅游者选择旅游目的地的主要参考对象。在做出旅游决策之前,旅游者往往会在网络上查看相关景点推介,登录马蜂窝、去哪儿等旅游网站搜索相应的游记。甚至对于一些群体来说,浏览网络游记,去"凝视"、分享别人的旅游生活已成为自己的习惯和爱好,这会大大增加潜在的旅游客户群体。所以,西藏一方面要"独善其身",保护生态,挖掘文化,打造有自身特色的旅游品牌,让游客乘兴而来、乘兴而归;另一方面,可以设置自己的官方微博、微信公众号、旅游者微信群,让去过的旅游者分享自身的旅游经历,以达到口碑传播的效果。

(7) 打造多元统一的传播效果

西藏作为旅游目的地,在竞争对手当中保持着自身独特的文化特色和品牌气质,可以通过故事营销策略进行传播。故事营销是提高旅游景点与顾客交流效果的一种行之有效的营销方式。一则成功的旅游市场营销案例,能够为旅游地的品牌塑造与传播创造一种快捷的联想空间,这是一种相对于理性叙述更为有效的方式。在拉萨布达拉宫设施建设中,可以整合品牌标识、产品包装、商品展示、电视广告、广播广告、报纸广告、明信片、户外形象、日常活动、新闻报道等多个方面,实现传播活动的一元化。这有助于形成市场中统一、稳定的品牌形象,确保信息一致性和互动性。同时,通过讲述动人的故事,使每位参观游客在景区各个环节和员工身上都能感受到品牌信息的和谐一致。在日常运营管理中,景区市场策划部还需准确分析市场,通过多种手段争取与媒体接触的机会,塑造良好形象,强化受众对品牌的认知与认同。多元合一往往能赋予目标受众强大的品牌形象,影响目标受众的行为。例如,进入迪士尼乐园,就像在动画片里身临其境一般,连打扫卫生的阿姨都会用地上的落叶摆出米奇头的形状,无时无刻不在刺激着游客的感官与认知,达到品牌文化的多元统一,牢牢增强游客的忠诚度。

(8)发展文创产品提升西藏旅游目的地品牌吸引力

文化创意产品是指在广义文化的基础上,充分发挥想象力,所制作的与文化相关的有创造性的产品。随着产业经济学理论在旅游业中的应用,旅游景区的文化创意产品如雨后春笋般涌现。旅游目的地的文化创意产品主要包括与景区文化相关的电影、电视、出版、演出、动漫、卡通形象、游戏等。文创产品来源于旅游目的地文化,且融入了创新元素,所以大多具有高附加值的特点。

旅游景区文化创意产品做得比较好的是北京故宫。故宫博物院最近几年充分发挥自身具有的文化底蕴优势,设计研发出品种繁多、形态各异的文化创意产品,2019年文创产品的销售额达到15亿元人民币,甚至超过了其门票的收入。

西藏旅游目的地除了具备独特的、丰富的自然景观之外,还具有厚重的藏传佛教文化底蕴。应该紧紧围绕这些方面大力开发文化创意产品来提升自身的品牌影响力。在自然景观方面,以雪山为素材,可以开发"雪域系列"的电子台历、明信片等;以蓝天白云为素材,可以融入"藏蓝"的内涵,创意设计"藏蓝"背包,还可以与矿泉水品牌"5100"合作,将"藏蓝"元素融入其外包装中;还可以围绕"牦牛"做创意产品,比如做一些微型的各色牦牛工艺品,给喜欢小饰品的游客多一种选择,牦牛角除了做梳子之外,还可以做笔筒、杯垫、书签、钥匙扣等小饰物,为小资们的生活增添点乐趣。在宗教文化方面也可以大打文创牌,藏传佛教主张与人为善,可以在很多日用品比如在抽纸盒的外饰上、U盘上、水杯上等体现这种思想。

总而言之,文化创意产品不同于一般的产品,其核心竞争力首先是创意,游客买的不只是商品,更是创意。其次是产品质量。西藏旅游目的地文化创意产品是西藏旅游目的地品牌的一部分,其质量的好坏会直接影响游客的情绪和对旅游整体质量的体验,产品虽小,但质量一定要好。只有做到既有创意又有质量,才能提升文化创意产品的附加值,为游客对旅游目的地品牌的整体认知提供有益的补充。

7.6 "新基建"视域下西藏旅游目的地发展对策

在"新基建"的大背景下,西藏文化旅游产业应充分发挥新兴科技、创新文化、资本等要素的作用,更好地实现从高速度增长、融合发展走向高质量发展。要加快建设大数据中心、云计算、人工智能、5G、物联网等,围绕高铁、高速公路、机场等交通基础设施,以及公交、出租汽车、共享单车等面向市民的公共交通,让出游更加便捷舒心,通过软硬件的升级为西藏旅游的高质量发展赋予全新的动能。

随着人们生活水平的不断提升,文化旅游产业高质量发展俨然成为以人民为中心的国家旅游发展战略;同时随着大众精神需求的不断升级,文化旅游产业已成为满足人民美好生活向往的重要支撑。通过文化与旅游产业的融合,高质量地满足老百姓出游的体验感,增强游客的幸福感,是全面建成小康社会新阶段的根本要求。

2018年12月召开的中央经济工作会议提出了"新型基础设施建设"简称"新基建"战略,主要包括5G、人工智能、工业互联网、物联网等。随后在2019年召开的全国两会上,加强"新基建"被写入政府工作报告。在2020年5月召开的全国两会上,《2020年国务院政府工作报告》提出要重点支持"两新一重",其中就包括"新基建"。新基建包括5G基站建设、特高压建设、城际高铁与城市轨道交通、新能源汽车充电桩、大数据中心、人工智能、工业互联网等七个方面,涵盖了多个产业链。西藏自治区各级政府应紧紧抓住"新基建"发展带来的机遇,结合自身特有的文化旅游资源开发,大力发展文化旅游产业。

7.6.1 实施高 A 级以上景区 5G 全覆盖

以"万物智联"为特征的 5G 时代,旅游业态将发生颠覆性变革。截至 2023 年年底,我国共建成 5G 基站 337.7 万个。就西藏而言,地广人稀,通信质量成为影响游客旅游体验的一大障碍。在西藏的一些高 A 级景区特别是游客集中的地方,经常会出现手机信号弱甚至无信号的情况。由于 5G 网络具有超强的连接能力,每平方公里范围内可以高效地连接 100 万个终端,通过建设 5G 网络可以彻底改变信号弱这种状况,发展 5G 网络将成为提升西藏旅游发展的利器。对于布达拉宫、大昭寺等这些标志性景点,应尽早实现 5G 网络全覆盖,在此基础上实施 5G+AR 鹰眼、5G+社交分享等,通过景区数字化及智能化水平的提升来改善游客的体验和对景区的宣传。

对于自然景观例如南迦巴瓦峰、纳木错、羊湖等,可以借助 5G 网络给游客提供新的体验。通过 5G 网络打造 AI 游记助手,游客进入景区前先进行注册,注册后就可以通过景区内铺设的 5G 网络采集系统追踪游客轨迹,在游览过程中,还能将游客拍摄的照片和视频自动生成720 度 VR 交互式视频和 8K 高清视频的全景游记,并实时生成个性化游记。游记内容包括高清图片、高清视频及在游览过程中的个性化文字记录。个性化游记可以根据自身需求进行自定义编辑并支持在自媒体(微博、微信、QQ)分享。对于大型实景演出如文成公主、金城公主等,可以通过 5G+360 度 VR 全景直播分享到自媒体平台,让现场的观众和由于身体原因不能进藏的游客都能亲身穿越到大唐,体验当年民族交融感天动地的场景。

借助 5G+AI,智能机器人可以取代传统的人工导游,可以根据游客游览踪迹现场景点的具体情况进行语音解说,还可以和游客互动,回答游客提出的问题,对于较为复杂的问题,智能机器人可以通过调用云端的相关内容进行解答。智能机器人将实现与真人无差异化的导游服务,提升游客的旅游体验。

7.6.2 加强大数据建设以优化西藏文化旅游决策及服务流程

随着移动互联网和大数据学科的发展,"大数据"时代应运而生,以手机终端为代表的移动轨迹数据具有数量大、增长快、类型多、价值高、难辨识等特点。特别是在"一切皆可数据化"理念的影响下,通过对这些宝贵的移动数据资源进行分析与梳理,可以较为准确地为游客画像,定位分析游客的出行目的和行为,为景区更好地设计旅游产品,精准地服务游客提供可靠的支撑。

通过获取网络大数据,可以了解游客的空间信息、旅游轨迹,了解游客的行为方式、消费偏好等,这些都可以为旅游产品供给侧设计产品类别、提供服务模式等提供有价值的参考。特别是通过分析游客在社交媒体诸如微信、微博、QQ、X、Facebook、手机 App 等上分享的照片、语言、文字、小视频等海量信息,可以敏锐地捕捉游客的个人基本信息、消费信息、浏览记录、体验度情况等。将这些宝贵的信息分析结果加以总结分类,就可以洞察到不同产业的市场需求、商业机会。大数据俨然已成为新时代分析消费者心理、把握消费者行为的利器。在一项关于进藏游客满意度的大数据分析中发现,去林芝鲁朗小镇的许多游客对于鲁朗林海的美景赞不绝口,但体验度没有达到最佳,因为游客对鲁朗林海的步道设计不太满意,普遍反映在确保安全的前提下,很多地方可以规划步道,这样会使体验度更好。

西藏的旅游资源非常丰富,业态多样化。西藏是山的故乡,高海拔、缺氧是西藏大部分地区的共同特点。通过调查大数据得知,一些游客进藏就是为了体验高原运动项目对自身带来的挑战。那么如何将"高山变成金山",满足这些游客的需求?通过大数据分析发现,在一些条件允许的地区可以发展户外山地运动,通过基础设施及户外山地运动的产品设计,打造特色旅游产业,例如纳木措环湖旅游等。

在旅游流时空分布方面,通过西藏智慧旅游大数据运行监测平台,可以全面收集进藏游客的来源地、旅游路线轨迹及游客旅游消费行为等相关信息，可以对西藏旅游流的时空分布进行分析研判。时间分布方面，可以划分为"日、周、月、季、年"五个尺度，根据不同尺度的统计信息，精确把握西藏旅游的淡旺季、景区人流量密度等。在空间方面，可以采用点密度法、核密度法以及最优路线法等研究方法，对西藏地区旅游流的空间分布特征进行深入研究。这些方法不仅有助于了解旅游者在西藏地区的分布情况，还能够为优化旅游空间结构提供有针对性的策略。特别是对于西藏高 A 级景区，如布达拉宫、大昭寺、纳木错、南迦巴瓦峰、大峡谷、鲁朗林海等，进行监控和预测，能够有效防止客流超出景区承载力的情况发生。这样的研究和预测可以为旅游地提供及时准确的管理决策意见，确保旅游资源的可持续利用和管理。

7.6.3 完善交通基础设施建设以提升游客体验度

（1）加快完善新能源汽车充电桩建设

西藏海拔高、生态环境脆弱，大力发展"低碳文旅产业"是西藏文旅业发展的方向。在条件允许的景区应大力提倡"低碳西藏"，践行"绿色出行"。在拉萨的交通工具包括公交车、出租车等应提倡使用新能源汽车，逐步减少传统能源（柴油、汽油）交通工具直至退出市场。这就要求大力发展新能源充电桩，方便新能源汽车的使用。在景区内部应一律使用新能源汽车，促进西藏低碳旅游的发展，更好地保护环境。

（2）大力发展机场和城际铁路交通

旅游六大要素"吃、住、行、游、购、娱"，其中"行"在整个旅游中占据着重要的位置。游客旅游体验度的好坏不仅仅取决于"游"，还取决于"旅"。特别是在西藏，景区之间路途相对比较远，经常是"旅"多"游"少。鉴于西藏特殊的地理及气候状况，以及主要景区集中分布在拉萨、林芝、山南等的自然分布情况，西藏应抓住"新基建"带来的机遇，大力发展机场和城际铁路交通。首先,继续加大西藏机场及航空业的投入力度,完善现有的拉萨贡嘎机场、昌都邦达机场、阿里昆莎机场、林芝米林机场以及日喀则和平机场等五大枢纽机场的智能化改造和数字化管理水平,增加内地直飞西藏的航班,同时通过大数据平台优化西藏区内各机场之间的航班次数,最大限度满足游客需求。其次,大力发展城际铁路交通,"十四五"期间,应力争形成以拉萨为中心,辐射林芝、山南、昌都、日喀则的城际铁路网,通过提高西藏地区旅游的通达性来强化旅游地域组合,强化西藏各景区之间的紧密联系,深度挖掘西藏旅游的潜力,打造"交通快捷便利、旅游质量优良"的交通、旅游一体化协同发展的新局面。

7.7 文旅融合背景下西藏旅游淡季应对策略

7.7.1 加大政府对旅游企业的政策倾斜,解决企业资金压力

"十三五"时期,旅游经济在西藏自治区经济总收入中占比达到33.3%,成为先导产业。近年来,旅游业带动相关产业保持强劲发展势头。集休闲、观光、度假、康养等为一体的乡村旅游,持续助力西藏自治区脱贫攻坚和乡村振兴。旅游业直接间接帮助7.5万建档立卡贫困人口实现脱贫。针对这种情况,西藏地区相关政府部门应制定相应政策,加大对旅游企业的资金投入力度,大力发展旅游多样化金融服务支持体制,帮助旅游企业渡过难关。在国家出台政策的基础上,西藏行政主体可以通过阶段性减免旅游企业社保费、实施旅游企业缓缴住房公积金等政策,扶持区内旅游企业。也可以在现有政策基础上,对酒店、景区、旅行社、OTA的无损退订给予财政补贴,或者以奖代补,减轻企业的资金压力。大力实施共赢的资本介入模式,鼓励试点"金融机构+旅游集团"的创新经营模式。大力推行金融产品创新,区内银行可以联手推广"西藏旅游信用卡",用信用卡进藏旅游消费可以给予不同程度的

优惠。发挥"互联网金融"在西藏旅游融资中的作用,运用众筹、小额贷款公司等互联网金融平台集聚社会闲散资金,赋能西藏旅游产业。对于贷款期限已到但还款有困难的旅游企业,可以制定"无还本续贷""适当延长还款期限"等方式,确保旅游企业不陷入资金困境。

7.7.2 资源多方融合,吸引游客进藏

首先,文化与旅游融合。在西藏,除了独具特色的旅游资源外,藏民族的文化资源也非常丰富。但游客大多都是奔着西藏的山水等旅游资源去的,对西藏文化资源的了解相对较少。旅游作为文化的载体,应当充分发挥作用,在旅游产品设计上,应重视西藏特色文化对进藏游客的渲染作用。

其次,线上与线下融合。自 2015 年中央政府工作报告明确提出"互联网+"以来,互联网对旅游业的发展起到了推波助澜的作用。中国互联网络信息中心数据显示,截至 2019 年 6 月,我国网络音乐、网络文学、网络游戏、网络视频、网络直播的用户规模分别达到 6.08 亿、4.55 亿、4.94 亿、7.59 亿、4.33 亿,我国网民的人均每周上网时长达到 27.9 小时。挖掘线上市场潜力,是西藏旅游业拓展新业务类型的重要渠道。线上要占据"微博""微信""抖音"等流量高地,通过建立公众号,以文字、照片、小视频、直播、VR 虚拟技术等形式充分展示西藏旅游的新形象;线下需要着手解决的首先是产品创新,通过主题创意活动,设计探险游、宗教文化探秘游、高原研学游等新产品。还可以依据藏民族的很多节日设计相应的产品。在对外传播中,除了在主流媒体上做必要的宣传外,还要充分利用抖音海外版 TikTok、快手海外版 Kwai 等平台推广西藏旅游,更多地吸引境外游客进藏旅游,弥补国内游客消费的不足。

最后,旅游与科技融合。随着科技的发展,运用科技手段赋能旅游产业,推动旅游业的数字化转型是未来旅游发展的趋势。现代科技的发展使得传统的旅游六要素"吃、住、行、游、购、娱"获得了新的发展空

间。特别是移动互联网的普及,5G 技术、人工智能的广泛应用,使得游客通过 AR/VR 等方式可以"云游"四海。后疫情时期,西藏旅游要充分发挥"旅游+科技"的模式,在购票、刷脸安检、住宿预订、景区导航、景点讲解等方面通过数字技术打造智慧景区,有效管理景区,打通景区内不同环节,实现旅游和科技的完美融合,提升进藏游客的体验度。

7.7.3 提升冬游西藏品质,突出高原冰雪旅游特色

2018 年开始,西藏自治区全面开展"冬游西藏·共享地球第三极"活动。"冬游西藏"推出以来,在一定程度上弥补了冬天淡季游客减少的局面,但效果不是特别明显。冬游西藏的时间一般是从当年的 10 月 15 日到次年的 3 月 15 日,除了 3A 及以上景区免费、住宿优惠之外,重点要从旅游产品设计和产品品质上下工夫。特别是国庆节后的西藏旅游,首先要围绕"雪"元素来做文章。西藏有著名的"十大雪山",包括珠穆朗玛峰、冈仁波齐峰、南迦巴瓦峰等,可以设计一条以雪山为主的观光路线,对于在内地看惯了低海拔雪山的游客会有很大的吸引力。冬天的西藏还是欣赏冰川的绝佳时机,游客可以亲身体验大自然的鬼斧神工带来的震撼之美。

另外可以打西藏特色文化这张牌。在冬游西藏的时间段,藏历新年是藏民族的重大节日,藏历新年期间有很多独具特色的文化活动,其中很多活动是夏游西藏所不能欣赏和体验到的。应大力宣传"体验藏历年,品味藏文化"的口号,吸引对西藏文化有兴趣的游客冬季进藏旅游。对通过包机进藏旅游、包专列进藏旅游的旅行社等机构给予相应的奖励,可以调动旅行社推广冬游西藏产品的积极性。

7.7.4 多策并举,刺激消费

进入 7 月份后,西藏会迎来每年最黄金的旅游期(西藏的黄金旅游

期为每年的 7—9 月)。西藏文旅部门可以通过价格优惠、消费补贴等方式,吸引更多的游客进藏。政府部门应出台相关政策,通过发放旅游补贴、景区套票大优惠等方式促进旅游产业的发展。针对西藏的 4A 及以上景区,实施错峰旅游,延长参观时间,实施差异化票价。对于酒店业,除了价格优惠外还可以实施"买二送一",即旅游旺季时在区内某一酒店住 N 天,那么在淡季(每年的 10 月 15 日—次年的 3 月 15 日)进藏游便可以在该酒店(含该酒店品牌同等级的连锁店)免费住 N/2 天,自治区财政可以对于酒店的损失给予一定的补贴。通过赠送这些增值服务,吸引游客进藏,刺激旅游经济。

7.7.5 加深西藏文旅融合,丰富游客感知

(1)丰富西藏文化与旅游融合的内涵

只有真实的文化体验才能真正吸引游客,因此要进一步推动西藏文化和旅游的有效融合。首先,西藏文旅部门要组织相关从业人员对当地文化的历史背景、发展历程和特色进行系统的学习,加深理解和认知,在此基础上深入挖掘、塑造当地传统文化品牌,实现文化与旅游两大产业的有机结合,提升西藏地区乡村旅游产业的吸引力和生命力。其次,当地文旅管理部门和景点可以结合西藏传统文化的特点,打造西藏传统文化游客体验中心,增强西藏文化景区与游客之间的互动性,实现西藏文化的有效传播。再次,景区还可以组织独具特色的西藏文化项目,如传统藏装表演、西藏民俗风俗摄影展、乡村生活体验馆等,更好地吸引游客,同时还可以对一些有风险的项目进行改良,确保这些项目的安全在可控范围内,进而实现西藏文化与乡村旅游产业的有机结合。最后,景区和旅游企业可以积极利用西藏传统文化,开发旅游文化附属产品,进而实现旅游产业链资源的延伸。

(2) 西藏饮食文化旅游资源的开发

西藏地区的饮食文化资源非常丰富,其开发是对西藏历史文化的一种保护和再开发。将这些资源开发打造成旅游项目,一方面能够提升旅游产业的规格,另一方面也能够更好地实现对这些资源的保护。大力推广具有特色的餐饮产品,开展以"食"为中心的专题旅游,是发展饮食文化资源旅游的一种有效措施。首先,要着力打造具有浓郁民族特色的美食,将其作为突出元素,在乡村旅游景区条件相对成熟的地方,建设集美食、购物和娱乐为一体的多功能风情街。这不仅能凸显民族饮食文化,同时能提供全方位的旅游体验,吸引游客。其次,饮食文化是充分了解一个民族的窗口,可以举办以西藏代表食品为主题的文化旅游活动,如品茶体验会和鉴酒会等,将西藏地区传统的精神文化和物质文化,通过具体的物化和体验过程实现两者的有机统一。

(3) 丰富文旅载体让非遗"活"起来

非物质文化遗产是代代相传、深刻融入人民群众日常生活的传统文化表达与空间,既是历史发展的见证者,也是珍贵的文化宝库。西藏作为一个拥有悠久历史的民族地区,拥有丰富的文化资源,包括民间文学、舞蹈、戏剧、美术等。这些文化元素承载着深厚的文化底蕴、漫长的历史积淀以及多样的表现形式,是珍贵的文化遗产,凝聚着各族人民的共同智慧,堪称中国传统文化的瑰宝。

为了推动这些宝贵的文化资源的抢救、保护、传承和发展,西藏必须坚持"保护为主、抢救第一、合理利用、传承发展"的方针,致力于打造具有中国特色的文化保护区,积极推进非物质文化遗产的保护与传承。高原特有的文化元素如唐卡、藏戏、藏香、藏药、格萨尔说唱等,应当被更多人了解。这些元素承载着历史的积淀,是传统文化的基因,我们期望广大群众在西藏卓越的传统文化中得到深刻而美好的体验。

总之,西藏旅游之所以能实现长期的可持续发展,是因为在发展过程中促进了当地经济的进步,这与旅游产业的生命周期存在非常紧密的联系。总体来看,西藏旅游必须实现乡村的农牧业和旅游业相结合,促进人与自然的互动,使人们更加深入认识大自然,提高人们保护环境的意识,带动当地经济发展,在增加民众收入的同时,促进我国生态文明建设,实现区域经济协调发展。应该根据西藏地区的具体情况,制定适宜的办法,并选定符合当地发展特征的旅游模式,在周边环境、资源等要素发生变化以后,灵活、动态地对发展模式进行调节,确保西藏旅游产业的稳定发展。

7.7.6 不断提升政府的主导干预功能

(1)加大资金投入力度,不断完善城乡旅游基础设施

乡村交通设施不健全,是导致西藏文化与旅游产业难以有效结合的重要原因,主要表现在乡村道路和西藏传统文化结合的场地设施方面,因此相关部门必须予以足够的关注。一要改善当地的交通、住宿、饮食等环境,增加当地旅游基础设施的资金投入力度,确保实现当地旅游产业的有效发展。二要对当地的竞赛场地、表演场地等进行改造升级,注重乡村旅游景区内的基础设施建设,为当地乡村旅游的发展提供条件。通过完善乡村旅游产业基础设施,既能为当地居民提供舒适、整洁、便利的生活环境,提高当地群众开展乡村旅游建设的积极性,从而极大提升当地居民的收入水平,又能进一步提升游客满意度,积极影响游客感知。

(2)提升产品特色品牌效应

西藏地区在增加当地旅游产业基础设施的建设力度同时,应关注品牌价值的塑造与宣传。只有形成独具特色的旅游品牌,才能加快实现旅游规模效应。在打造旅游品牌的过程当中,必须始终坚持品牌质

量,在此基础上选取合适的品牌宣传方式,将西藏旅游品牌形象根植于游客心中。同时,在旅游品牌建设的过程当中,要充分考虑消费者的市场需求、游客的感知,明确旅游产品和旅游服务的差异性。西藏地区有着得天独厚的旅游资源,同时还有着浓厚的历史文化氛围和独具特色的风土人情。为了确保旅游品牌建设工作的顺利推行,自治区应当出台相关的法律法规,对景区的建设和管理进行约束和监督。同时,要构建相应的监督和巡查机制,并按照相关文件对涉及西藏旅游产业的企业、酒店、市场、资源等进行标准化的管理,只有这样才能确保西藏旅游品牌建设工作的顺利推行。

(3)健全融合发展保障体系

总体来看,西藏旅游产业保障机制建设还很不完善,因此,必须结合西藏旅游产业的特点,构建相应的旅游市场保障体系。从政府层面来讲,需要对旅游市场保险进行立法,从法律上保证其强制实施,同时要做好相应的宣传工作,让旅客认识到旅游市场保险的重要性,让旅客在发现存在违规经营的景区时能够第一时间进行举报,进而切实维护旅客的合法权益和人身安全。同时,要尽可能对现有单一主体负责的保险机制进行改革升级,转变成为多路径的保险机制,为西藏乡村旅游的发展提供强有力的保障。此外,景区的体育文化活动中,大多数活动项目都是借助马或牛等动物开展的,因此检疫部门必须针对参与表演的动物进行定期的检验检疫,并构建相应的动物档案,避免出现疫情。

7.7.7 加大西藏文旅产业数字化转型力度

(1)加强景区数字化硬件建设,提升公共服务水平

2022年1月,国务院印发的《"十四五"旅游业发展规划》指出,实施创新驱动发展战略为旅游业赋予新动能,充分发挥大数据、数字化等

科技创新成果,推动旅游业从资源驱动向创新驱动转变。党的二十大报告中指出,高质量发展是全面建设社会主义现代化国家的首要任务,应促进科技创新和实体经济深度融合,打造具有国际竞争力的数字产业集群。随着大数据、人工智能、云计算、区块链、物联网、5G等技术的不断升华,数字化转型成为当前文旅融合新发展范式。

景区的数字化建设离不开基础设施和技术的支撑,只有具备了一定的数字基础设施和技术支持,才能提升景区的数字化水平,从而更好地推动文旅行业的发展。在进行数字硬件建设中,政府的作用举足轻重,相关部门应充分意识到数字基础设施和技术对文旅行业发展的重要性,加大对数字基础设施资金的投入,同时制定一系列的管理规范与优惠条例,加大对数字技术建设的政策支持力度,引导文旅企业加强对数字技术的研发,通过推动景区、博物馆等发展线上数字化体验产品,让文化和旅游资源借助数字技术"活起来"。文旅企业应以消费者的旅游需求为基础,丰富游客的消费选择,开发旅游产品,拓展旅游市场,增加优质的智慧文旅产品的供给,为文旅产业的数字化发展注入新动力。

(2)元宇宙赋能西藏文旅高质量发展

重视科技创新对西藏文旅产业高质量发展的作用,特别是深入探索元宇宙范式赋能西藏文旅产业高质量发展,健全西藏数字化文旅运行体系,势在必行。

元宇宙是真实世界在数字空间的扩展,它使用与虚拟技术相关的虚拟现实(VR)、增强现实(AR)以及混合现实(MR)来增强用户的沉浸体验感。元宇宙将改变西藏文旅产业的运作方式。一方面,元宇宙虚实融合的场景打破了时间和空间壁垒,成为西藏文旅企业通过探索实时沉浸场景来实现创新创业的重要方式。另一方面,元宇宙场域下知识和信息形态的转变,为西藏文旅企业面向全面创新的知识管理带来新的视角,从基础设施、数据规则、功能应用三个层面对其运行架构进行设计,为西藏文旅企业高效"聚识成智"与全面创新提供理论支撑。元宇宙赋能西藏文旅产业的发展还体现在文旅管理的四大转变方面:

元宇宙时代实现了西藏文旅企业从科学决策到智能决策的转变,高决策智能化水平将成为文旅企业决策的核心;数字助手向数字方案转变;跨界产品向跨界创新转变,跨界创新已经是元宇宙时代企业管理的显著特征。西藏文旅企业应依据元宇宙场景,在未来景区建设和运营中全面推行"数字化"和游客服务"智慧化",通过打造"智慧旅游",落地西藏民俗风情体验项目,有效提升游客体验,引领高原健康度假方式。

(3)打破传统营销模式,开创数字营销新格局

西藏文旅产业营销应突破传统营销局限,借鉴"甘孜模式",各部门联动合作,抢抓以互联网、微博、微信、短视频等为主的新媒体平台矩阵,推动全媒体营销。线上平台在宣传的过程中,应有针对性地多渠道发布、推广与旅游目的地相关的优质短视频,以实现数字化旅游营销新模式,如制作高水平、精美的文化旅游宣传片,借助微博、小红书、抖音等平台传播,培育云旅游、云演艺、云娱乐、云直播、云展览等新业态,打造沉浸式旅游体验新场景。

西藏文旅企业应积极构建生产数据库,基于全息影像、人工智能、数字孪生等技术深入挖掘文旅产业背后的生产规律,突破人才、信息、科技的壁垒,构建西藏文旅产业生产最佳路径,并且能够根据需求侧的变化对供给侧做出实施调控,实现文旅产业绿色可持续发展。通过数字营销打造高质量文旅数字园区,推进跨境旅游合作区建设、边境旅游试验区建设,开发国际旅游线路,推动共创共建共享的西藏全域文旅高质量发展。数字营销赋能西藏文旅高质量发展,将使进藏游客获得更为愉悦的高峰体验。

结　语

　　西藏实施"建设世界旅游目的地"的旅游战略规划已经有一段时间了，目前来看确实取得了较为可喜的成绩。旅游基础设施不断完善，旅游资源开发利用逐步深入，这些都为西藏国际旅游知名度的提升起到了积极帮助。

　　但是我们也应当看到，依然还有很多问题需要我们去解决，有瓶颈需要去突破。主要表现在进出藏火车票一票难求，布达拉宫门票紧张，青藏铁路通车后游客猛增，接待工作、服务质量、市场秩序等方面出现新问题，旅游行业管理难度加大，旅游安全隐患等潜在问题增多，调控手段和措施显得跟不上发展的需要。特别是西藏距离建设世界旅游目的地的宏伟目标还有一定的差距，在知名度提升、海外游客增加的背景下，西藏地区旅游管理、旅游开发等相关行业的人才匮乏，以及各地旅游服务水平参差不齐等等，已成为制约世界旅游目的地建设的重要障碍。

　　为此，下一步要破解发展瓶颈，在继续补齐短板的基础上，持续推进各项工作，同步开展营销宣传，将西藏的自然生态资源、宗教文化资源、民族艺术资源等进行有机整合，使"高山、雪域、阳光、藏文化"旅游品牌深入人心。要下大力气围绕行、游、住、食、购、娱六大方面进行不间断巡查，尤其是加大对旅游市场综合执法力度，设立"游客服务信息站"，及时协调处理游客投诉等各种问题，早日实现西藏建设世界旅游目的地的目标。

参考文献

安格尼斯嘉·温克勒(Agnieszka Winkler),2000.快速建立品牌:新经济时代的品牌策略[M].赵怡,等译.北京:机械工业出版社.

保继刚,陈云梅,1996.宗教旅游开发研究:以广东南华寺为例[J].热带地理(1):89-96.

保继刚,楚义芳,1989.七篇旅游地理硕士论文评介[J].旅游学刊(1):62-66.

保继刚,朱竑,1999.珠海城市旅游发展[J].人文地理(3):7-12.

蔡彩云,骆培聪,唐承财,2011.基于IPA法的民居类世界遗产地游客满意度评价:以福建永定土楼为例[J].资源科学(7):1374-1381.

曹新向,2007.我国旅游品牌化存在的问题及对策[J].西北农林科技大学学报(社会科学版)(3):86-89.

柴寿升,郑玮,2017.全域旅游思维下旅游目的地品牌构建影响因素评价研究:以青岛为例[J].扬州大学学报(人文社会科学版),21(5):80-88.

陈佳洁,陈静,林佳玲,2017.民宿集群对乡村旅游目的地品牌形象构建影响研究:基于浙江省数据[J].农村经济与科技,28(7):79-82.

程玉桂,曹慧兰,2002.江西旅游品牌化之我见[J].南昌航空大学学报(社会科学版),(4):48-49.

陈伟珂,刘国义,2021.SOR理论框架下施工人员安全行为研究:情绪智力与具身认知视角[J].安全与环境学报,21(5):2139-2148.

陈向明,2000.从一个到全体:质的研究结果的推论问题[J].教育研究与实验(2):1-8,72.

陈雪钧,2011.基于层次分析法的旅游目的地软环境评价研究[J].消费经济,27(2):51-53.

陈晔,李天元,赵帆,2014.目的地网络界面对旅游者体验及品牌形象的影响[J].旅游学刊,29(10):31-41.

陈滢,2013.我国旅行产品网络消费行为特点及问题[J].中国经贸导刊(20):45-46.

崔凤军,2002.中国传统旅游目的地创新与发展[D].北京:中国科学院研究生院(地理科学与资源研究所).

大卫·奥格威,1999.品牌经营法则[M].沈云驶,唐宗勋,译.呼和浩特:内蒙古出版社.

邓辉,鲁卫星,2002.湖北旅游品牌的层次结构及精品名牌战略的实施[J].理论月刊,2002(6):107-109.

邓小兰,于正松,2007.安阳文化旅游资源优势与战略选择[J].市场论坛(3):35-36,34.

董观志,杨凤影,2005.旅游景区游客满意度测评体系研究[J].旅游学刊(1):27-30.

杜国清,陈怡,2011.整合营销传播在当今市场环境下的特征与趋势[J].现代传播(中国传媒大学学报)(5):100-103,115.

傅云新,2005.服务营销学[M].广州:华南理工大学出版社.

高静,2009.旅游目的地形象、定位及品牌化:概念辨析与关系模型[J].旅游学刊,24(2):25-29.

耿亮亮,2009.顾客满意度对品牌忠诚的影响机理研究:基于化妆品品牌的实证[D].沈阳:东北财经大学.

古川,2015.多元农产品购买渠道下城市居民的选择和感知效用因素分析[J].商业经济与管理(7):16-24.

郭建彬,2016.社区生鲜超市顾客满意度评价与对策:以夏商集团民兴超市为例[D].福州:福建农林大学.

郭鲁芳,2006.旅游目的地成功实施整合营销传播的关键因素[J].旅游学刊,21(8):6-7.

郭英之,2006.旅游目的地的品牌营销[J].旅游学刊(7):9-10.

何佳讯,丁玎,2003.整合营销沟通的实践:基于三国调查的发现[J].经济管理(18):59-65.

何佳讯,吴漪,丁利剑,等,2017.文化认同、国货意识与中国城市市场细分战略[J].管理世界(7):120-128.

侯文静,2012.山地旅游休闲度假目的地评价指标体系研究[D].北京:北京交通大学.

黄洁,2012.国家级风景名胜区的品牌资产研究:基于大学生短途旅游者视角[D].上海:复旦大学.

黄金火,吴必虎,2005.区域旅游系统空间结构的模式与优化:以西安地区为例[J].地理科学进展(1):116-126.

黄震方,顾秋实,袁林旺,2008.旅游目的地居民感知及态度研究进展[J].南京师大学报(自然科学版)(2):111-118.

姜岩,2013.消费者购物网站依恋机理研究[D].大连:大连理工大学.

焦冠哲,2018.消费者困惑对消费者购买意愿的影响研究:感知价值的中介效应[D].石家庄:河北经贸大学.

科特勒,等,2003.专业服务营销[M].俞利军,译.北京:中信出版社.

冷志明,2005.旅游目的地品牌研究[J].边疆经济与文化(12):1-4.

李海廷,孔令一,2007.品牌关系模型的分析及应用[J].学术交流(1):107-110.

李胜芬,2005.政府在旅游地品牌建设中的主导性分析[J].技术经济与管理研究(4):95-96.

李树民,支喻,邵金萍,2002.论旅游地品牌概念的确立及设计构建[J].西北大学学报(哲学社会科学版)(3):35-38.

梁杰,张琳,房瑞景,2015.山东省海产品安全追溯体系发展现状、问题与政策建议[J].农村经济与科技,26(3):83-85,29.

梁敏俐,2004.张家界生态旅游品牌发展构想[J].株洲工学院学报(1):102-104.

梁明珠,陈小洁,2004.试论基于价值链分析的旅游地品牌构建问题[J].南方经济(6):57-59.

梁明珠,廖卫华,2004.论"广深珠"区域旅游品牌的构建[C]//中国区域科学协会区域旅游开发专业委员会,河南大学.科学发展观与区域旅游开发研究:第十届全国区域旅游开发学术研讨会文选.

梁涛,2004.关于打造广西旅游品牌问题的思考[J].广西社会科学(10):15-17.

廖颖林,张鸣芳,徐国祥,2009.上海市消费者满意度指数编制研究[J].上海财经大学学报(哲学社会科学版)(3):76-83.

刘刚,拱晓波,2007.顾客感知价值构成型测量模型的构建[J].统计与决策(22):131-133.

刘俊,马风华,苗学玲,2004.基于期望差异模型的RBD顾客满意度研究:以广州市北京路步行商业区为例[J].旅游学刊(5):14-19.

刘阳,2009.西藏旅游品牌研究[J].消费导刊(17):10-12.

卢泰宏,周志民,2003.基于品牌关系的品牌理论:研究模型及展望[J].商业经济与管理(2):4-9.

陆潮,2006.品牌资产模型研究[D].北京:对外经济贸易大学.

吕翠芹,2012."好客山东"旅游目的地品牌评价指标体系的构建[D].济南:山东财经大学.

马聪玲,倪鹏飞,2008.城市旅游品牌:概念界定及评价体系[J].财贸经济(9):124-127.

马天,李想,谢彦君,2017.换汤不换药?游客满意度测量的迷思[J].旅游学刊(6):53-63.

马义华,叶祥凤,2008.大型超市顾客满意度测评指标体系的构建与应用:以成都欧尚超市为例[J].改革与战略(11):196-199.

马勇,肖智磊,2008.地区旅游竞争力的形成机理研究[J].旅游科学,22(5):7-11.

闵梅梅,2007.顾客感知价值各维度与顾客行为、产品外部属性的影响关系研究[D].长沙:中南大学.

母泽亮,2006.旅游目的地品牌系统建设研究[J].中国市场(36):14-15.

其米次仁,曾维周,陈晓琴,2012.基于位置服务(LBS)的西藏旅游社会化网络在旅游目的地营销中的应用探讨[J].西藏科技(1):15-17,25.

乔远生,高飞,2003.中国品牌为什么走不远?[J].商场现代化,12(2):169-171.

任春,2008.整合营销传播理论在旅游目的地营销中的应用分析[J].企业经济(7):75-77.

申光龙,柳映珍,何克敏,2006.整合营销传播战略评估指标体系研究[J].管理科学(1):42-49.

申光龙,曲飞宇,商锐,2004.基于整合营销传播战略的企业组织重构模式研究[J].管理科学(5):2-9.

宋安宁,武友德,曹洪华,2014.基于层次分析法的大理民族文化旅游品牌评价研究[J].资源开发与市场,30(6):732-734,762.

宋章海,2000.从旅游者角度对旅游目的地形象的探讨[J].旅游学刊(1):63-67.

苏勇,陈小平,2000.关系型营销渠道理论及实证研究[J].中国流通经济(1):4.

孙凤芝,刘瑞,欧阳辰姗,等,2020.旅游者感知价值与行为意向关系研究:基于民宿旅游者的视角[J].山东社会科学(1):126-133.

谭思,陈卫平,房玉秀,2020.消费者线上参与度如何影响其农产品忠诚度?:基于社会学习理论视角的实证研究[J].农村经济(2):113-122.

唐勇,2006.文化营销与旅游品牌塑造[J].商场现代化(17):101-102.

唐纳德·A.诺曼,2015.设计心理学:情感化设计[M].何笑梅,欧秋杏,译.北京:中信出版社.

陶伟,蔡少燕,余晓晨,2019.流动性视角下流动家庭的空间实践和情感重构[J].地理学报(6):1252-1253.

田祥利,2016.对口援藏省市资金投入对西藏旅游经济发展效应研究[J].西藏民族大学学报(哲学社会科学版),37(6):30-34,154.

王德业,1998.区域形象浪潮[M].北京:新华出版社.

汪侠,刘泽华,张洪,2010.游客满意度研究综述与展望[J].北京第二外国语学院学报,32(1):22-29.

王栋梁,李万莲,胡旺盛,2012.基于体验视角的旅游目的地品牌塑造研究[J].广西财经学院学报,25(2):119-124.

王洪鑫,刘玉慧,2015.网络购买生鲜农产品的消费者满意度影响因素实证研究[J].消费经济,31(6):81-86.

王厚功,2007.浅析旅游品牌联合营销[J].时代经贸(中旬刊)(SB):10-11.

王宁,2007.旅游中的互动本真性:好客旅游研究[J].广西民族大学学报(哲学社会科学版)(6):18-24.

王启万,王兴元,2013.战略性新兴产业集群品牌生态系统研究[J].科研管理,34(10):153-160.

王崧,韩振华,2001.关于旅游品牌的深层思考[J].社会科学家(6):43-46.

王兴元,2000.名牌产品形成机理及其影响因素分析[J].科学学与科学技术管理(1):39-42.

王兴元,2006a.品牌生态位测度及其评价方法研究[J].预测(9):60-64,80.

王兴元,2006b.品牌生态系统结构及其适应复杂性探讨[J].科技进步与对策(2):85-88.

王新新,2004.品牌本体论[J].企业研究(8):25-27.

王莹,吴明华,1991.旅游期望与感受偏差原因分析[J].旅游学刊(4):42-44.

卫军英,2005.整合营销传播观念及其理论构架[D].杭州:浙江大学.

魏华,段海岑,周宗奎,2018.具身认知视角下的消费者行为[J].心理科学进展,26(7):1294-1306.

吴必虎,宋治清,2001.一种区域旅游形象分析的技术程序[J].经济地理(4):496-499,512.

吴相利,韩宁,2012.基于地方政府旅游门户网站的目的地品牌形象塑造评价研究:以我国33个省、市、区旅游官方门户资讯网站为例[J].旅游论坛,5(1):92-97.

吴小天,2013."旅游目的地品牌化"的内涵辨析与定义修订:基于国外文献及治理视角[J].地理与地理信息科学(2):95-99.

吴友富,2008.关系营销在现代营销中的实施[J].经济管理(Z3):107-110.

谢新丽,吕群超,谢新暎,等,2012.基于旅游品牌塑造的区域旅游产业结构优化研究:以宁德市为例[J].温州大学学报(自然科学版),33(3):37-43.

谢志忠,黄晓玲,2002.企业品牌运营战略探讨[J].福建论坛(11):35-37.

徐康文,2018.房地产社区O2O服务平台用户社会资本对用户粘度的影响研究[D].广州:华南理工大学.

徐立新,2007.旅游品牌营销与传播沟通机制研究[J].商业经济(5):92-93,97.

许春晓,莫莉萍,2014.旅游目的地品牌资产驱动因素模型研究:以凤凰古城为例[J].旅游学刊,29(7):77-87.

许晖,邓伟升,张海军,2017.生态位视角下跨国企业东道国品牌族群构建及成长机制案例研究[J].管理学报,14(9):1263-1273.

许晖,薛子超,邓伟升,2019.区域品牌生态系统视域下的品牌赋权机理研究[J].管理学报,16(8):1204-1216.

许士军,1987.新加坡消费者对不同来源地产品之知觉及态度[J].管理评论(6):5-23.

薛海波,王新新,2008.消费者参与品牌社群的内在动机研究[J].商业经济与管理(10):63-69.

杨昆,2014.基于感知的西藏旅游目的地形象SWOT分析[J].西藏民族学院学报(哲学社会科学版),35(4):125-129,144.

杨昆,高晓光,朱普选,2017.基于比较优势的西藏产业优化发展研究[J].西藏民族大学学报(哲学社会科学版),38(4):14-19,153.

杨昆,姬梅,陈娅玲,2013.基于网络游记的西藏旅游目的地形象探析[J].旅游论坛,6(3):60-65.

杨铭铎,郑超,2002.对旅游业品牌经营的分析[J].商业研究(6):142-145.

杨振之,2005.论度假旅游资源的分类与评价[J].旅游学刊(6):30-34.

姚作为,2001.我国旅游业品牌化进程初探[J].经济经纬(5):94-96.

易婷婷,2013.网络传播的西藏旅游目的地形象感知:基于旅游者游记的内容分析[J].消费经济,29(4):84-88,92.

于正松,2007.古都安阳旅游城市形象定位及推广[J].科技信息(科学教研)(24):455-456.

于治江,2004.品牌关系管理研究[D].大连:东北财经大学.

余宏宇,余压芳,2013.贵州乡村旅游目的地的品牌形象识别与设计研究[J].贵州大学学报(艺术版),27(2):121-124.

查金祥,王立生,2006.网络购物顾客满意度影响因素的实证研究[J].管理科学(1):50-58.

张东亮,2006.旅游目的地竞争力指标体系及评价研究[D].杭州:浙江大学.

张均涛,李春成,李崇光,2008.消费经历对顾客满意感影响程度研究:基于武汉市生鲜农产品的实证研究[J].管理评论(7):21-27,63-64.

张锐,张燚,2003.品牌生态系统领导模式研究[J].商业研究(12):104-107.

张燚,张锐,2003.品牌生态学:品牌理论演化的新趋势[J].外国经济与管理(8):42-48.

张永顺,2002.4P品牌营销[J].经理人(11):90-91.

赵杰坤,2017.顾客感知价值对消费者正面口碑传播意愿的影响机制研究[D].北京:北京邮电大学.

赵明明,2017.品牌体验对购买意愿的影响:品牌满意度和品牌信任的链式中介作用[D].南昌:江西师范大学.

钟育赣,2006."整合营销":概念辨析[J].当代财经(10):77-80.

周志民,2007.品牌关系研究述评[J].外国经济与管理,29(4):46-54.

朱孔山,2007.旅游地形象整合营销体系构建[J].商业经济与管理(8):68-73.

邹统钎,2012.对东方旅游目的地营销智慧的反思[J].北京第二外国语学院学报,34(7):81.

AAKER D,1996.Building strong brands[M].New York:The Free Press.

ADLAIGAN A H,BUTTLE F A,2002.SYSTRA-SQ:a new measure of bank service quality [J].International journal of service industry,13(4):362-381.

AGAPITO D,MENDES J,VALLEA P,2014.Exploring the conceptualization of the sensory dimension of tourist experiences[J].Journal of destination marketing & management,2(2):62-73.

AGGARWAL P,2004. The effects of brand relationship norms on consumer attitudes and behavior[J].Journal of consumer research,32(1),453-464.

AGNIESZKA W,1999.Warp-speed branding:the impact of technology on marketing[M].New York:Wiley&Sons.

AIELLO C,ROSENBERG L J,1976. Consumer satisfaction:toward an integrative framework[C].Proceedings of southern marketing association,12(3):169-171.

ALDLAIGAN A,BUTTLE F,2005.Beyond satisfaction:customer attachment to retail banks[J].International journal of bank marketing,23(4):349-359.

ALHEMOUND A M,ARMSTRONG E G,1996.Image of tourism attraction in Kuwait[J].Journal of travel research,34(4):76-80.

ANDREASSEN T W,LERVIK L,1999. Perceived relative attractiveness today and tomorrow as prediclors of future repurchase intention[J].Journal of service research(2):164-172.

ARLT W G, 2006. Not very willkommen: the internet as a marketing tool for attracting German-speaking tourists to non-European destinations[J].Information technology & tourism,8(3): 227-238.

BAUDRILLARD J. Simulations[M].New York: Semiotext(e),1983.

BEARDEN W O,TEEL J E,1983. Some determinants of consumer satisfaction[J].Journal of marketing research,20:21-28.

BÉCHEREL L,VELLAS F,1999. The marketing concept and international tourism marketing[EB/OL].[2022-03-08]. https://link.springer.com/chapter/10.1007/978-1-349-27486-4_1.

BEERLI A,MARTIN J D,2004.Tourists characteristics and the perceived image of tourist destinations: a quantitative analysisc. a case study of Lanzarote, Spain[J].Tourism management,25(5):623-636.

BERLE A, MEANS G,1932.The modern corporation and private property[M].New York:Commerce Clearing House.

BERRY L L,1983. Relationship marketing[C]//BERRY L L,SHOSTACK G L ,UPAH G,et al. Emerging perspectives on services marketing. Chicago:American Marketing Association.

BETTMAN J R, 1973.Perceived risk and its components: a model and empirical test[J]. Journal of marketing research,10(2): 184-190.

BIEL A L,1992. How brand image drives brand equity[J].Journal of advertising research,32:6-12.

BIEL A L,1999. Exploring brand magic[M]//JONES J P. How to use advertising to build strong brands. Thousand Oaks. CA: Sage Publications, Inc.

BIGNÉ J E,SÁNCHEZ M L,SÁNCHEZ J,2001. Tourism image, evaluation variables and after purchase behavior: inter-relationship [J].Tourism management,22(6):607-616.

BLACKSTON M,2000. Observations: building brand equity by managing the brand's relationships[J].Journal of advertising research, 40(6):101-105.

BLAIN C, LEVY S E, BRENT R J R, 2005. Destination branding: insights and practices from destination management organisation [J]. Journal of travel research, 43(5):328-338.

BLOEMER J, DE RUYTER K,1998. On the relationship between store image, store satisfaction and store loyalty[J].European journal of marketing,32(5/6):499-513.

BOLTON R N, DREW J H. A multistage model of customers' assessments of service quality and value [J]. Journal of consumer research, 1991, 17(4): 375-384.

BOORSTIN D J,1964.The imaae: a guide to pseudo-events in America[M].New York: Vintage Books.

BOWLBY JOHN, 1969. Attachment and loss: Vol. 1. Attachment [M].New York: Basic Books.

BRATTON W W,2001. Berle and means reconsidered at the century's turn[J].The journal of corporation law, 26:737.

BRENT R J R, BRANT R J B, 1998. The branding of tourist destination: past achievement and future challenges[C]//Proceeding of the 1998 Annual Congress of International Association of Scientific Experts in Tourism Destination Marketing: Scopes and Limitations. Marrakechi:89-116.

BRUNER,1989.The marketing mix: time for reconceptualization[J]. Journal of marketing education,11(2):72-77.

BUHALIS D, 2000. Marketing the competitive destination of the future[J]. Tourism management, 21(1) :97-116.

CADOTTE E R,WOODRUFF R B,1987. Expectations and norms in models of consumer satisfaction[J].Journal of marketing research,

24(3): 305-314.

CARDOZO R N,1965.An experimental study of customer effort, expectation, and satisfaction[J].Journal of marketing research, 2(3): 244-249.

CHANDON P,WANSINK B, LAURENT G,2000. A benefit congruency framework of sales promotion effectiveness[J]. Journal of marketing, 64,(4):65-81.

CHEKALINA T, FUCHS M, LEXHAGEN M,2014.A value co-creation perspective on customer-based brand equity model for tourism destinations: a case from Sweden[J].Finnish journal of tourism research, 10(1):8-24.

CHEN Z, DUBINSKY A J,2003. A conceptual model of perceived customer value in e-commerce: a preliminary investigation[J].Psychology & marketing, 20(4):323-347.

CHERNATONY L D, RILEY F D, 2001. Experts' views about defining services brands and the principles of services branding[J].Journal of business research, 46(2): 181-192.

CHURCHILL G A, SURPRENANT C,1982. An investigation into the determinants of customer satisfaction[J].Journal of marketing research,19(4):491-504.

CHURCHILL H,1979. How to measure brand loyalty[J].Advertising and selling, 35(24):11-16.

COPULSKY J R, WOLF M J,1990. Relationship marketing: positioning for the future[J].Journal of business strategy, 11(4): 16-20.

COX D F,1967. Risk taking and information handling in consumer behavior[M].Harvard:Harvard University Press.

CRONIN J J,TAYLOR D A,1992. Measuring service quality:a reexamination and extension[J].Journal of marketing,56(3):55-68.

CULLER J,1981.Semiotics of tourism[J].American journal of semiotics,1(1):127-140.

DAVID A A,1991.Managing brand equity:capitalizing on the value of a brand name[M].New York:The Free Press.

DAVIS S M,2002. Brand asset management: how businesses can profit from the power of brand[J].Journal of consumer marketing, 19(4):351-358.

DAY G S,1994.The capabilities of market-driven organizations[J]. Journal of marketing,58(Oct.): 37-52.

DE CHERNATONY,2001. Corporate marketing and service brandsmoving beyond the fast-moving consumer goods model[J].European journal of marketing, 35(3/4):335-352.

DECROP A,SNELDERS D,2005.A grounded typology of vacation decision making[J].Tourism management,17(2):37-40.

DODDS W B,MONROE K B,GREWAL D,1991. Effects of price, brand,and store information on buyers' product evaluation[J].Journal of marketing research,28(3),307-319.

DOELY C S,1994. Information literacy in an information society:a concept for the information age[R].Syracuse,NY:ERIC Clearinghouse on Information and Technology.

DUNAE K, BLAINE B, 2004. The BrandScience™ guide for destination RFPs[M].Brand Strategy Inc.

ECO U,1986.Travels in hyper reality: essays[M].New York: Harcourt Brace & Company.

FARQUHAR P H,1989. Managing brand equity[J].Marketing research(1):24-33.

FISHBEIN M,AJZEN I,1975. Belief,attitude,intention,and behavior: an introduction to theory and research[M].Reading,MA: Addison-wesley.

FORNELL C,1992. A national customer satisfaction barometer: the

Swedish experience[J].Journal of marketing,56(1):6-21.

FORNELL C,JOHNSON M D,ANDERSON E W,et al.,1996. The American customer satisfaction index: nature, purpose and findings [J].Journal of marketing,60(10):7-18.

FOURNIER S,1998.Consumers and their brands:developing relationship theory in consumer research[J].Journal of consumer research, 24(4):343-373.

FREUD S,1964.The standard edition of the complete psychological works of Sigmund freud[M].London: Hogarth Press.

GALE, 1994. Managing customer value[M]. New York: The Free Press.

GNOTH J, 2002. Leveraging export brands through a tourism destination brand[J].The journal of brand management(9):262-280.

GOLDRICK P J,1984. Grocery generics: an extension of the private label concept [J]. European journal of marketing, 1984, 18(1): 5-24.

GRONROOS C A, 1982. An applied service marketing theory[J].European journal of marketing,16(7):30-41.

GRONROOS C A,1984.Service quality model and its marketing implications[J].European journal of marketing(18): 36-44.

GRONROOS C A,1990.The rise and fall of modern marketing and its rebirth[C]//SHAW S A, HOOD N.Marketing in evolution: essays in honour of Michael J.Baker. London: Macmillan Press.

GUMMESSON E,1994. Making relationship marketing operational [J].International journal of service industry management, 5(5): 5-20.

GUNN C A, 1998. Issues in tourism curricula[J].Journal of travel research, 36(4): 74-77.

GUNN C A,1972. Vacationscape: developing tourist areas[M].Taylor

& Francis.

HEDING T, KNUDTZEN C F, BJERRE M, 2009. Brand management: research, theory and practice[M].London: Routledge.

HEILBRUNN B, 2001. Les facteurs d'attachement du consommateur à la marque[J].Th-èse de doctorat en sciences de gestion, université Paris IX Dauphine, 2001(9):55-63.

HELLIER P K, GEURSEN G M, CARR R A, et al., 2003. Customer repurchase intention: a general structural equation model[J]. European journal of marketing, 37(11/12): 1762-1800.

HEMPEL D J, 1977. Consumer satisfaction with the homo buring process: conceptualization and measurement [M]. Cambridge, Mass.: Marketing Science Institute.

HOLBROOK M B, GARDNER M P, 1993.An approach to investigating the emotional determinants of consumption durations: Why do people consume what they consume for as long as they consume it? [J].Journal of consumer psychology, 2(2):123-142

HOLBROOK M B, 1999. Higher than the bottom line, reflections on some recent macromarketing literature[J].Journal of macromarketing(6):48-74.

HOLLOWAY J C, 2004. The business of tourism[M]. BeiJing: Foreign Language Teaching and Research Press.

JACKSON B B, 1985. Build customer relationships that last[J].Harvard business review(11):120-128.

JACOBY J, OLSON J C, HADDOCK R A, 1971.Price, brand name, and product composition characteristics as determinants of perceived quality[J].Journal of applied psychology, 55(6):570-579.

KAISER J, 1974. Nonrecursive digital filter design using the I_0-sinh window function[C]//Proc IEEE international symposium on circuits & systems. DOI:http://dx.doi.org/.

KAPFERER J N,1997. Managing luxury brands[J].Journal of brand management,4(4):251-259.

KAVARATZIS,2004. From city marketing to city branding: towards a theoretical framework for developing city brands[J].Place branding,1(1):58-73.

KAY M J, 2006. Strong brands and corporate brands[J]. European journal of marketing,40(7/8):742-760.

KELLER K L, 1993. Conceptualizing, measuring, and managing customer-based brand equity[J].Journal of marketing(3):1-22.

KELLER K L, 2000.The brand report card[J].Harvard business review,78(1):147-157.

KELLER K L, HECKLER S E, HOUSTON M J,1992. The effects of brand name suggestiveness on advertising recall[J].Journal of marketing,62(1):48-57.

KELLER K L,AAKER D A,1992.The effects of sequential introduction of brand extensions[J].Journal of marketing research,29(1):35-60.

KEVIN L K,1998. Corporate level marketing: the impact of credibility on a company's brand extensions[J].Corporate reputation review,1(4):356-381.

KOTLER P T, 1997. Marketing management, analysis, planning, implementation, and control[M].9th ed. New Jersey: Prentice-Hall International, Inc.

KOTLER P T,2003.Marketing management[M].New Jersey: Prentice Hall, Inc.

KOTLER P T, BOWEN J T, MAKENS J, et al., 2017. Marketing for hospitality and tourism[M].7th ed. London: Pearson Plc.

LACOEUILHE J,1997. L'attachement à la marque: proposition d'une échelle de mesure[J].Recherche et applications en marketing, 15

(4):61-77.

LEE C K, YOON Y S, LEE S K,2007.Investigating the relationships among perceived value, satisfaction, and recommendations: the case of the Korean DMZ[J]. Tourism management, 28(1):204-214.

LEWIS P R, BOOMS B H, BERRY L,et al.,1983.Emerging perspectives on services marketing[EB/OL].[2022-05-31].https://api.semanticscholar.org/CorpusID:166982110.

LUCAS D B, OGILVY D,1963.Confessions of an advertising man [M].New York: Atheneum.

MACCANNELL D. Staged authenticity: arrangements of social space in tourist settings[J]. American journal of sociology,1973,79(3): 589-603.

MARTILLA J A,JAMES J C,1977. Importance-performance analysis [J].Journal of marketing,41(1):77-79.

MCCARTHY E J,1960.Basic marketing:a managerial approach[M]. New York:McGraw-Hill, Inc.

MCEWEN B S,2005. Stressed or stressed out: what is the difference? [J].Journal of psychiatry and neuroscience,30(5): 315.

MCGOLDRICK P J, 1984.Grocery generics an extension of the private label concept[J],European Journal of Marketing,18(1):5-24

MERCILLE J, 2005. Media effects on image: the case of Tibet[J]. Annals of tourism research,32(4):1039-1055.

MIRANDA L P,WIM D F ,MEUTERMANS, et al.,2000.An activated O-NAcyl transfer auxiliary: effcient amide-backbone substitution of hindered "difficult"peptides[J]. Journal of organic chemistry,65(18):5460-5068.

MIRANDA M, PORRAS I T, MORENO M L,2003.The social impacts of payments for environmental services in Costa Rica: a quantitative field survey and analysis of the Virill: a watershed [R].

London: International Institute for Environment and Development.

MITCHELL R, HALL C, MCLNTOSH A, 2000. Wine tourism around the world: development, management and markets[J]Journal of wine research, 25(2):133-134.

MONROE K B,1990. Pricing: making profitable decisions [M]. McGraw-Hill College.

MORGAN R M, HUNT S D,1994. The commitment-trust theory of relationship marketing[J]. Journal of marketing, 58(3): 20-38.

MORGAN R M, HUNT S D,1994. The commitment-trust theory of relationship marketing[J].Journal of marketing, 58(3):20-39.

MORRISON A M, ANDERSON D J, 2002. Destination branding[C]. Paper presented at the Missouri Association of Convention & Visitor Bureaus Annual Meeting.

MORRISON A M, ANDERSON D J, 2002. Destination branding [C]//Paper presented at the Missouri Association of Convention & Visitor Bureaus Annual Meeting.

MORWITZ V G,SCHMITTLEIN D,1992.Using segmentation to improve sales forecasts based on purchase intent: which "intenders" actually buy? [J].Journal of marketing research,29(4):391-405.

MORWITZ V, JOHNSON E, SCHMITTLEIN D,1993.Does measuring intent change behavior? [J].Journal of consumer research, 20(1):46-61.

MUNDKUR T,1997. The lesser flamingo: a summary of its current distribution and conservation in Asia[C]// HOWARD G. Conservation of lesser flamingo in East Africa and beyond. Proceedings of a Workshop at Lake Bogoria, Kenya, 26-29 August.

MURPHY P E, PRICE G G, 2005. Tourism and sustainable development-science direct[J]. Global tourism (Third Edition):167-193.

NEDERGAARD N,GYRD-JONES R,2013. Sustainable brand-based

innovation: the role of corporate brands in driving sustainable innovation[J].Journal of brand management, 20(9):762-778.

NICKERSON N P, MOISEY R N, 1999. Branding a state from features to positioning: making it simple? [J]. Journal of vacation marketing, 5(3):217-226.

NUNNALLY J C, BERNSTEIN I H,1994. Psychometric theory[M]. 3rd ed. New York: Mcgraw Hill.

OGILVY D,1963. Confessions of an advertising man[M].New York: Atheneum Books.

OLIVER R L,1980. A cognitive model of the antecedents and consequences of satisfaction decisions[J].Journal of marketing research (17):460-469.

OLIVER R L,1997. Satisfaction:a behavioral perspective on the consumer[M].New York: McGraw Hill.

OLIVER R L,SWAN J E,1989. Consumer perceptions of interpersonal equity and satisfaction in transactions: a field survey approach [J].Journal of marketing,53(2):21-35.

OLSON J C,1972.Cue utilization in the quality perception process: a cognitive model and an empirical test[D]. Purdue University.

PARASURAMAN A, BERRY L L, ZEITHAML A V,1991. Understanding customer expectation of service [J].Management review, 32(3):41.

PARASURAMAN A, ZEITHAML V A, BERRY L,2006. SERVQUAL: a multiple-item scale for measuring consumer perceptions of service quality[J].Journal of retailing, 64(1): 140.

PARK C W, MACINNIS D J, PRIESTER J,2006. Beyond attitudes: attachment and consumer behavior[J].Seoul journal business, 12 (2): 3-35.

PARK E, CHOI B K, LEE T J, 2019.The role and dimensions of authenticity in heritage tourism[J].Tourism management,74(10):99-109.

PARK M,YANG X B,LEE B K,et al.,2002. Segmenting casino gamblers by involvement profiles: a Colorado example[J].Tourism management,23(1):55-65.

PECHLANER H,SMERAL E,MATZIER K,2002.Customer value management as a determinant of the competitive position of tourism destinations[J].Tourism review,57(4):15-22.

PIZAM A,1978. Tourisms impacts: the social costs to the destination community as perceived by its residents[J].Journal of travel research,16(4):8-12

REICHHELD F F, SASSER W,1990. Zero defections: quality comes to service[J].Harvard business review,68(5):104-111.

RICHARDS G W, 2000. Cultural tourism in Europe (Korean translation)[M]. Honolulu: Black San Publishing Co.

RICHINS M L ,VERHAGE B J,1985.Seeking redress for consumer dissatisfaction: the role of attitudes and situational factors[J].Journal of consumer policy, 8(1):29-44.

RIES A L, TROUT J,1971.Positioning: the battle for your mind [M].New York: McGraw-Hill.

RITCHIE J R, 1999. Interest based formulation of tourism policy for environmentally sensitive destinations [J]. Journal of sustainable tourism (7):206-239.

SASSER R F, EARL W,1990.To learn how to keep customers, track the once you lose: zero defections: quality comes to service[J].Harvard business review.

SCHULTZ S E, KLEINE R E, KERNAN J B,1989.These are a few of my favorite things:toward an explication of attachment as a consumer behavior construct[J]. Advances in consumer research, 16,

359-366.

SIMON H A, 1997. Administrative behaviour: a study of decision making processes in administrative organizations[M]. New York: The Fress Press.

SINGH J, 1990. Identifying consumer dissatisfaction response styles: an agenda for future research[J]. European journal of marketing, 24(6): 55-72.

SINGH J, PANDYA S, 1991. Exploring the effects of consumers' dissatisfaction level on complaint behaviors [J]. European journal of marketing, 25(9): 7-22.

TASCI A D A, GARTNER W C, 2007. Destination image and its functional relationships[J]. Journal of travel research, 45(4): 413-425.

TASCI A D A, GARTNER W C, 2007. Destination image and its functional relationships[J]. Journal of travel research, 45(4): 413-425.

THACH E C, OLSEN J, 2006. The role of service quality in influencing brand attachment at winery visitor center[J]. Journal of quality assurance in hospitality and tourism (3): 59-77.

THOMSON M, MACINNIS D J, PARK C W, 2005. The ties that bind: the strength of consumers' emotional attachments to brands [J]. Journal of consumer psychology (10): 77-91.

THOMSON M, 2006. Human brands: investigating antecedents to consumers' strong attachments to celebrities[J]. Journal of marketing, 70(7): 104-119.

TROUT J, RIES A, 1972. Positioning cuts through chaos in marketplace[J]. Advertising age, 43(4): 51-54.

UYSAL M, CHEN J S, WILLIAMS D R, 2000. Increasing state market share through a regional positioning[J]. Tourism management,

21(1):89-96.

WESTBROOK R A,1980. Intrapersonal affective influences on consumer satisfaction with products[J].Journal of consumer research,7(1):49-54.

WESTBROOK R A,REILLY M D,1983. Value-percept disparity: an alternative to the disconfirmation of expectations theory of consumer satisfaction[J].Advances in consumer research(10):256-261.

WOODRUFF R B, GARDIAL S,1996. Know your customer: new approaches to understanding customer value and satisfaction[M]. State of New Jersey:Blackwell

WOODRUFF R B,1997. Customer value:the next source for competitive advantage[J]. Journal of the academy of marketing science (25):139-153.

WU C, HSING S S, 2006.Less is more: how scarcity influences consumers' value perceptions and purchase intents through mediating variables[J]. Journal of American academy of business, Cambridge(2):125-132.

WYNER G A,1998. The many faces of customer value[J]. Marketing Research,10(1):34.

YASTROW S, 2003. Brand harmony: achieving dynamic results by orchestrating your customer's total experience[M]. New York:Select Books.

ZEITHAML V A ,VARADARAJAN P R, ZEITHAML C P, et al.,1988.The contingency approach: its foundations and relevance to theory building and research in marketing[J].European journal of marketing, 22(7):37-64.

ZEITHAML V A, BERRY L L,1988. A conceptual model of service quality and its implications for future research[J].Journal of marketing, 49(4):41-50.

ZEITHAML V A, BITNER, M I, 2003. Services marketing: integrating customer focus across the firm [M]. New York: McGraw-Hill.

ZEITHMAL V A, 1988. Consumer perceptions of price, quality, and value: a means end model and synthesis of evidence [J]. Journal of marketing, 3(7): 2-22.